La paix en soi, la paix en marche

Thich Nhat Hanh

La paix en soi,
la paix en marche

Traduit de l'anglais
par Marianne Coulin

Albin Michel

Albin Michel
■ *Spiritualités* ■

*Ouvrage publié sous la direction
de Jean Mouttapa*

Préface
de sœur Thai Nghiem

En 2001, dans l'espoir d'aider à guérir le conflit en cours, Thich Nhat Hanh a appelé ses disciples du Proche-Orient à venir au village des Pruniers[1], en France, pour deux semaines de pratique de la méditation et de la pleine conscience. Suite à cette retraite, nous avons voulu inviter chaque année entre quinze et trente Palestiniens et Israéliens à venir pratiquer ensemble au village des Pruniers, pour s'écouter mutuellement et commencer leur propre processus de paix intérieure. J'ai eu le privilège de faire partie des premiers participants. Le fait de voir qu'en dépit des difficultés les pratiques offertes dans ce livre ont marché pour moi, pour chaque personne du groupe et pour le groupe en tant que tel a renforcé ma foi dans la voie de la paix et de la liberté et inspiré ma détermination à me faire ordonner. Je continue de pratiquer au village des Pruniers, tandis que mes amis palestiniens et israéliens pratiquent régulièrement ensemble au cœur même de la tourmente.

---

1. Le village des Pruniers est un monastère et un centre de pratique dans le sud-ouest de la France, créé par Thich Nhat Hanh.

En tant que jeune moniale, ce qui m'inspire le plus c'est de savoir que ma véritable liberté est entre mes mains, parce que j'ai le choix. Nous n'avons pas besoin d'attendre quelqu'un ou quoi que ce soit pour décider de vivre en paix, pour décider de vivre une vie de compréhension et d'amour. Si je veux que la guerre prenne fin, si je veux que la non-violence se réalise dans ma vie, je dois commencer par cesser de lutter et par mettre fin au conflit en moi-même. Transformer mon propre esprit, c'est ce qui fera la différence. La liberté dépend de mes pensées et de mes actions. C'est le genre de liberté que la pratique du village des Pruniers offre à tous. Pour nous en sortir, en tant que Palestiniens et Israéliens, nous devons revenir en nous-mêmes.

Les groupes de Palestiniens et d'Israéliens qui sont venus au village des Pruniers ont pu écouter avec tout leur cœur, même quand il y avait beaucoup de souffrance exprimée, sans juger ni faire de commentaires. Ce faisant, ils ont réussi à créer une fraternité, une véritable terre pure dans laquelle l'attention que nous portons à autrui est révélée, dans laquelle nous sommes capables de nourrir notre compassion et notre compréhension. Ce processus était plein de défis. Nous avons dû regarder en nous-mêmes, embrasser notre douleur et dépasser la suspicion.

Comme tout le monde sur cette terre, j'aspire à avoir un endroit où je me sente en sécurité. C'est dans la bonté humaine, la bonté qui est en vous et en moi, que je trouve cette sécurité. C'est mon refuge et il se trouve partout, même si on ne peut le voir. J'apprends à toucher ce lieu, à le cultiver toujours plus en moi-même et chez les autres. Quand je perds confiance en moi et en autrui, c'est parce que j'oublie que cette bonté est là.

Pour qu'une véritable transformation soit possible, nous avons besoin de travailler non seulement sur le plan individuel mais aussi sur le plan collectif. Aussi bien la conscience individuelle que la conscience collective ont besoin d'être guéries. Cela peut prendre beaucoup de temps et les effets de certaines de nos actions ne seront visibles qu'à long terme. Mais rien ne nous empêche de commencer à faire quelque chose tout de suite pour mettre fin à la violence et pour soutenir mutuellement nos efforts. Nous pouvons commencer par affirmer clairement qu'aucun acte de violence ou d'oppression n'a jamais apporté la paix ou le bonheur à qui que ce soit, ni à l'opprimé ni à l'oppresseur. Nous ne devrions pas avoir peur de prendre clairement position. Mais si, en prenant position, nous excluons des frères et sœurs dans l'humanité – d'où qu'ils viennent, quel que soit leur parti ou quelle que soit leur nationalité –, nous aurons déjà ruiné nos efforts pour vivre en paix. Personne ne doit être exclu de notre processus de paix.

Les Palestiniens et les Israéliens qui sont venus pratiquer au village des Pruniers n'étaient pas seuls dans ce processus de guérison individuelle et collective. La communauté internationale a joué un rôle important, non seulement en étant le témoin de ce processus mais aussi en pratiquant avec nous et en écoutant vraiment. Sans la présence de la communauté internationale, le processus n'aurait pu avoir lieu. Nous sommes tous responsables du conflit au Proche-Orient. En tant qu'Israéliens et Palestiniens, individuellement et collectivement, nous devrions apprendre à prendre refuge dans l'aide de la communauté internationale.

Si nous voulons offrir de la paix et de l'espace aux autres, nous avons besoin de cultiver la paix et l'espace d'abord en nous-mêmes, car nous ne pouvons pas offrir ce que nous n'avons pas. Ce livre permet d'entrevoir les racines de la souffrance et suggère des méthodes pour revenir en soi-même et cultiver la paix intérieure. Des Palestiniens et des Israéliens racontent également comment ils ont mis en pratique ces méthodes et expérimenté une transformation.

Vous trouverez dans ce livre des paroles et des pratiques inspirantes pour la paix. Cultiver ces pratiques vous aidera à éclairer les endroits extérieurs et intérieurs qui sont obscurcis par le désespoir. Il pourra également vous aider à toucher d'autres personnes qui n'ont pas encore fait ce choix. Que ce livre nous inspire tous à choisir la paix et à être paix.

Introduction

Depuis quelques années, des groupes de Palestiniens et d'Israéliens viennent pratiquer la pleine conscience au village des Pruniers. La première fois qu'ils se sont retrouvés au village, ils étaient souvent pleins de méfiance les uns envers les autres. Ils ne pouvaient pas se regarder avec sympathie. Mais avec la pratique et le soutien de la communauté, ils ont pu apaiser leur souffrance, leur colère, leur suspicion et leur haine. Au bout de quelques jours, ils ont pu voir que l'autre groupe souffrait aussi. Cela prend du temps.

Quand nous voyons que l'autre pleure aussi et qu'il est désespéré, nous le voyons en tant qu'être humain, de sorte que le niveau de haine, de peur et de suspicion qui était en nous diminue aussitôt. Nous nous sentons mieux. Nous pouvons désormais regarder l'autre avec plus de compréhension et de compassion. Il y a des frères et des sœurs dans la pratique, monastiques ou laïques, qui savent comment aider.

Nous n'avons pas toujours la sagesse du Bouddha, de Dieu, d'Allah, de Mahomet ou de Jésus. C'est pourquoi il est très important de pratiquer la respiration consciente, la marche en pleine conscience et la relaxation totale pour prendre soin de notre souffrance, de notre colère et de notre peur. Sans cela, nous n'irons pas bien loin. Si nous nous contentons de pratiquer l'assise et d'échanger des idées, nous n'irons nulle part. La Maison-Blanche a organisé de nombreux pourparlers pour la paix, mais elle n'a jamais offert de pratiques comme la relaxation profonde, la marche méditative ou les repas en pleine conscience pour embrasser notre colère et notre peur.

Au village des Pruniers, nous essayons de faire les choses autrement. Nous n'avons pas de discussions sur les stratégies de paix qu'il faudrait adopter. Nous pratiquons en premier lieu la paix en nous-mêmes, puis, en petits cercles, nous nous regardons et nous voyons que nous sommes tous des êtres humains en grande souffrance. Nous pouvons voir que nos véritables ennemis sont la haine, la peur, le désespoir et surtout les perceptions erronées. Les êtres humains ne sont pas nos ennemis. Comme nous ne nous comprenons pas nous-mêmes et que nous ne comprenons pas les autres, nous nous détruisons mutuellement. C'est pourquoi nous devons commencer par nous détendre et embrasser notre peine et notre chagrin. Nous déconseillons de parler et de discuter de la situation au Proche-Orient. Il y a déjà eu beaucoup de débats sur la question depuis des années et cela n'a pas marché.

Quand nous aurons calmé nos émotions, nous pourrons pratiquer l'écoute profonde pour comprendre la souffrance de l'autre. L'écoute profonde va de pair avec la pratique de la parole aimante. Nous essayons de parler de notre souffrance sans blâmer l'autre. Nous parlons sans amertume, sans reproches et sans colère, pour aider l'autre à comprendre notre situation et notre souffrance.

Avec l'écoute profonde et la parole aimante, la communication devient possible. Et si la communication est possible, la paix en sera le fruit.

A la fin de chaque retraite, des Palestiniens et des Israéliens viennent exposer les fruits de leur pratique devant toute la communauté réunie. Ils se réunissent également entre eux pour voir comment continuer la pratique lorsqu'ils seront de retour au Proche-Orient. Dans une zone de conflit ou de guerre, il est particulièrement important d'avoir une communauté de pratique. Sans les autres, vous perdez votre pratique, votre paix, votre compassion et votre bonheur. Si la compassion illumine notre regard, cela rend les gens heureux autour de nous et nous pouvons manifester la paix ici et maintenant.

Récemment, lors d'une retraite, un participant palestinien m'a posé la question suivante : « Je viens de Palestine où nous vivons sous occupation israélienne. Nous souffrons tous les jours de toutes sortes d'oppressions, matérielles et sociales. En venant ici, j'ai laissé derrière moi des gens qui se font tuer, bombarder par des avions et mitrailler par des tanks de l'armée israélienne. En ce moment même, nous perdons nos terres suite à la décision israélienne d'ériger une clôture de séparation. Malgré toutes ces souffrances qui sont quotidiennes, nous continuons à croire qu'il doit y avoir des Israéliens différents que nous n'avons pas encore rencontrés. C'est peut-être la raison pour laquelle nous sommes ici au village des Pruniers, pour rencontrer d'autres Israéliens. Comment transmettre à nos enfants innocents qu'il y a encore de la lumière et l'espoir de connaître une vie meilleure ? »

Voici ce que je lui ai répondu : « Il y a plus de

quarante ans, j'étais au Vietnam et c'était la guerre. Des centaines de milliers de soldats américains étaient stationnés dans le pays et des Vietnamiens mouraient tous les jours, civils et militaires, adultes et enfants. Je savais aussi que des soldats américains mouraient tous les jours au Vietnam, mais le nombre de morts parmi les Vietnamiens était beaucoup plus important. Il y avait beaucoup de désespoir parmi les jeunes au Vietnam car ils ne connaissaient que la guerre.

Un jour, un groupe de jeunes est venu me voir. Ils se sont assis avec moi et l'un d'eux m'a demandé : "Cher Thây, avez-vous l'espoir que la guerre s'arrête bientôt ?" Moi-même, je ne voyais aucun signe qui aurait pu annoncer la fin de la guerre. Je ne voulais pas sombrer dans l'océan du désespoir, ni voir ces jeunes y sombrer eux-mêmes. Le désespoir est la pire chose qui puisse nous arriver. Je suis resté silencieux un moment avant de leur répondre : "Chers amis, le Bouddha a dit que tout est impermanent. La guerre s'arrêtera un jour. La question est de savoir ce que nous pouvons faire pour accélérer l'impermanence. Il y a des choses à faire. Il est très important de trouver ce que nous pouvons faire chaque jour pour ne pas sombrer dans l'océan du désespoir".

Vous pouvez dire aux jeunes Palestiniens à peu près la même chose que ce que j'ai dit à ces jeunes au Vietnam il y a quarante-trois ans. Je pense que de nombreux soldats américains ressentaient la même chose. Plus de cinquante mille d'entre eux sont morts au Vietnam et leurs familles n'ont pas toujours pu faire enterrer leurs corps en Amérique. Vous savez qu'il y a des Israéliens pour la paix, qui ne sont pas d'accord avec leur gouvernement. Soutenir ces Israéliens est une chose que vous pouvez faire. Savoir que ces Israéliens existent peut vous aider à ne pas sombrer dans le désespoir. Du côté israélien, c'est la même chose ; vous savez qu'il y a des Palestiniens qui voient la souffrance de la guerre et qui ne veulent pas suivre la voie de la violence. Cela vous aide aussi à vous sentir mieux. Il y a des jeunes Israéliens qui ont le courage de refuser de faire l'armée. Leur acte est comme un enseignement du Dharma sur la non-violence.

Des Israéliens et des Palestiniens qui militent pour la paix sont venus en petits groupes au village des Pruniers. Je compte sur eux pour trouver la voie de la paix. Bien que les deux parties aient fait beaucoup d'efforts pour la paix au cours des dernières décennies, leurs efforts n'ont pas été couronnés de succès. Si notre processus de paix ne revêt pas une dimension spirituelle, tous nos efforts seront vains. La dimension spirituelle nous aide à voir les choses plus clairement. C'est pourquoi la pratique du regard profond est si importante. Méditer ne veut pas dire fuir la réalité, mais s'asseoir pour regarder la situation en profondeur, voir les choses plus clairement et trouver un meilleur moyen de mettre fin au conflit et à la souffrance. J'espère que les Palestiniens et les Israéliens, comme nous tous, trouveront dans ce livre des moyens pour apaiser la souffrance immédiatement. J'espère que ces pratiques nous aideront à avoir l'esprit clair, afin que nos actions apportent la paix et la réconciliation. Ce ne sont pas des rêves. Nous pouvons le faire. Les groupes de Palestiniens et d'Israéliens qui sont venus au village des Pruniers l'ont prouvé. Ils se sont transformés et ont pu faire la paix entre eux. Ce que nous avons fait ici a eu lieu à petite échelle. Si nous pouvons le faire à une plus vaste échelle, il y aura la paix au Proche-Orient.

1.

Le bon moment pour pique-niquer

Un maître vivait autrefois avec ses disciples dans un temple. Un jour, l'un de ses disciples lui demanda : « Cher maître, que diriez-vous d'organiser un pique-nique ? » Le maître répondit : « Oui, c'est une très bonne idée. Allons pique-niquer un jour. » Mais ils furent si occupés qu'ils ne trouvèrent jamais le temps. Une année passa, puis deux, puis trois, sans qu'ils soient allés pique-niquer. Un jour, alors qu'ils se trouvaient en ville, ils virent une procession funèbre. Le maître demanda à ses disciples : « Qu'est-ce que c'est ? » Et un disciple répondit : « Ils vont pique-niquer. C'est le seul jour où ils vont pique-niquer, quand ils meurent. »

J'ai traversé deux guerres au Vietnam et je sais ce qu'est la guerre – vous ne savez pas si vous serez encore vivant dans l'après-midi ou dans la soirée. Il y a de la peur, de la colère et du désespoir. Si vous ne savez pas comment vivre avec tout cela, vous ne pouvez pas survivre. C'est pourquoi notre pratique doit consister à faire un pique-nique ici et maintenant, sans attendre. Est-il possible que les Israéliens et les Palestiniens fassent un pique-nique où tout le monde apprécie chaque instant ? Je pense que oui.

Le pique-nique peut avoir lieu en cet instant même. Même si une bombe explose aujourd'hui, nous aurons quand même eu notre pique-nique. Nous sommes assis tous ensemble. Nous n'avons rien à faire. Nous sommes simplement heureux d'être assis ensemble, sans soucis, parce que c'est un plaisir d'être là. Ecouter une personne parler est aussi un plaisir. Vous n'avez rien à apprendre, vous ne passez pas un examen pour obtenir un diplôme. Vous êtes simplement assis, à apprécier votre inspiration et votre expiration, à écouter quelqu'un parler de la paix. Je n'ai aucunement l'intention de donner des idées à qui que ce soit au sujet de la paix ; vous avez déjà plein d'idées. Le but est d'*être* paix dans l'ici et maintenant.

Souvent, notre corps n'est pas en paix. Nous pouvons apprendre à apaiser notre corps ici et maintenant. Notre corps souffre, particulièrement en temps de guerre. Nous sommes sous tension, stressés, sous pression. Nous avons trop fait travailler notre corps et il est plein de conflits. Nous faisons tellement souffrir notre corps en le maltraitant que nous ne sommes plus en paix. Pour apporter de la paix à notre corps, nous devons le laisser se reposer et lui donner la possibilité de se régénérer et de se guérir. Cela, nous pouvons le faire tous les jours. Même au bout de deux ou trois heures, nous nous sentirons beaucoup mieux. Il ne s'agit pas de *parler* de paix pour notre corps, mais de lui *apporter* réellement de la paix.

Nous avons tous des sentiments de tristesse, de douleur ou d'excitation. Nos émotions s'écoulent en nous comme une rivière dont le courant nous emporte. Si nous passons du temps avec des amis qui savent comment prendre soin de leurs émotions, nous apprendrons à prendre soin de nos propres émotions. En prati-

18

quant pendant quinze minutes la respiration consciente, nous découvrons comment prendre soin de notre corps, de notre peur, de notre désespoir et de notre colère ; c'est très important. Si vous n'êtes pas capable de prendre soin de votre corps et de votre peur, de votre colère et de votre désespoir, vous ne pouvez pas parler de paix. Il faut veiller à prendre soin de votre corps et de vos émotions pour leur apporter de la paix et de l'harmonie.

Quand nous sommes emportés par nos émotions, nous ne percevons pas les choses telles qu'elles sont ; nous avons des perceptions fausses sur nous-mêmes, sur les autres et sur le monde. Ces perceptions erronées sont le fondement de tous nos actes qui génèrent du malheur, de la destruction, de la peur et de la colère. Nous devons apprendre à faire la distinction entre nos perceptions justes et nos perceptions fausses. Notre souffrance provient pour l'essentiel de nos perceptions erronées. Nous devrions prendre le temps de regarder profondément la nature de nos perceptions afin de ne pas être sous leur emprise, car nos perceptions sont le fondement de toutes nos émotions et de toutes nos afflictions.

Dans la vie quotidienne, nous sommes rarement libres de nos émotions, de nos perceptions et de nos pensées. Nous sommes rarement nous-mêmes. Nous sommes le plus souvent victimes de nos sensations et de nos perceptions, telle une feuille flottant à la surface de l'océan, poussée par les vagues au gré du vent. Nous ne sommes pas souverains de la situation et c'est la raison pour laquelle il est si important de revenir en nous-mêmes. C'est la pratique de base de la paix. S'il y a suffisamment de paix dans notre corps, dans nos émotions et dans nos perceptions, nous pourrons aider les autres à trouver la paix. Mais il faut commencer par soi-même. Vous ne pouvez pas être un instrument de paix s'il n'y a pas de paix en vous-même. Quand vous devenez un instrument de paix, vous devenez un instrument de Dieu, d'Allah, du Bouddha et de la réalité ultime. Ce n'est pas trop difficile à faire.

Trouver refuge

Il nous arrive parfois de nous sentir très fatigués et sans énergie. Nous voulons abandonner car la situation que nous vivons est trop difficile. Nous avons le sentiment qu'il n'y a plus rien à faire. Nous voudrions trouver un lieu où nous serons protégés, un lieu où nous pourrons prendre refuge en Dieu, dans le Bouddha ou Allah. Imaginez une vague qui n'en peut plus de devoir sans cesse s'élever et s'abaisser et qui cherche un refuge. La vague a un refuge : l'eau. Si la vague reconnaît qu'elle est une vague et qu'elle cherche refuge dans l'eau, elle n'a plus peur des hauts et des bas. Il est très important pour elle de savoir qu'elle est eau et qu'elle n'a pas besoin de chercher l'eau en dehors d'elle-même.

Vous êtes peut-être comme cette vague, fatigué des hauts et des bas, de naître et de mourir. Vous recherchez quelque chose de solide, de sûr et de durable en quoi prendre refuge. Si vous êtes une vague, vous n'avez pas besoin de chercher l'eau. Vous êtes l'eau ici et maintenant. Dieu n'existe pas en dehors de vous-même. L'ultime, notre refuge, n'est pas en dehors de nous, il est ici en nous. « Je demeure en Dieu » signifie « Je prends refuge dans l'ultime ». Nous pouvons appeler l'ultime la bouddhéité, Dieu ou Allah ; c'est la même chose.

Le bon moment pour pique-niquer

Quand vous reposez en Dieu, vous n'avez pas besoin de courir, vous revenez simplement en vous-même comme la vague dans l'eau. Si la vague continue à chercher, elle ne trouvera jamais l'eau. La seule façon de trouver l'eau est de revenir en soi-même. Quand elle prend conscience qu'elle est eau, la vague est paix. Elle pratique « demeurer en Dieu ici et maintenant ». Bien qu'elle continue à connaître des hauts et des bas, elle est en paix. Elle peut pratiquer Dieu non pas en tant qu'entité séparée, mais en tant qu'essence de l'être.

Beaucoup d'entre nous sont prisonniers de notions. Nous pensons prendre refuge dans le Bouddha, mais nous ne faisons que prendre refuge dans une idée du Bouddha ; nous pensons prendre refuge dans Allah, mais Allah n'est qu'une notion dans notre tête. C'est pourquoi nous voulons prendre refuge dans l'instant présent, dans notre inspiration, dans notre expiration et nos pas. Ce sont des façons bien plus concrètes de prendre refuge. J'inspire, je prends refuge dans ma respiration, je suis entièrement dans mon inspiration et avec mon inspiration, je deviens paix. J'expire, je prends refuge dans mon expiration, je deviens mon expiration. Je fais confiance à mon expiration et deviens paix avec mon expiration.

Marcher en pleine conscience[1]

Au village des Pruniers, quand nous marchons, nous prenons refuge dans chacun de nos pas et nous sommes

---

1. Voir « Pratiques pour la paix : Marcher en pleine conscience », p. 147.

en contact avec la dimension ultime à chaque pas. Nous faisons un pas et nous prenons entièrement refuge dans ce pas, en y mettant cent pour cent de notre corps et de notre esprit. En cet instant, nous avons accès à l'ultime. Dans notre vie quotidienne, nous avons l'habitude de courir. Nous recherchons la paix, le succès, l'amour, Dieu – nous ne cessons de courir – et nos pas sont pour nous un moyen de fuir l'instant présent. Mais la vie n'est accessible que dans l'instant présent. Dieu n'est accessible que dans l'instant présent. La paix n'est accessible que dans l'instant présent. Faire un pas et prendre refuge dans ce pas signifie cesser de courir. Vous faites un pas et, si vous savez comment procéder, la paix et Dieu deviennent accessibles au moment même où vous touchez la terre avec vos pieds.

Quand je pratique la marche lente, j'avance d'un pas en inspirant, puis j'avance d'un autre pas en expirant. Je porte toute mon attention sur ce pas en inspirant et, prenant entièrement refuge dans ce pas, je rencontre l'ultime, Dieu, la vie, qui est toute là dans l'instant présent. Notre inspiration et notre pas nous ramènent en nous-mêmes, dans l'instant présent. C'est pourquoi il est si important de prendre refuge dans notre inspiration et dans nos pas, les seuls moyens de revenir en nous-mêmes, dans l'instant présent, où nous pouvons toucher la vie en profondeur.

Je suis arrivé

Imaginez que vous êtes dans un avion en partance pour New York. Vous avez six heures de vol. A peine installé à votre place, vous ne pensez qu'à New York et vous en oubliez de vivre les moments qui vous sont offerts. Mais vous pouvez aussi pratiquer la marche méditative dans l'avion et apprécier chacun de vos pas. Vous n'avez pas besoin d'être arrivé à New York pour être heureux et en paix. En marchant dans l'avion, chaque pas que vous faites vous apporte du bonheur et vous êtes arrivé à chaque instant. Arriver veut dire arriver quelque part. Quand vous pratiquez la marche en pleine conscience, vous êtes arrivé à chaque instant à destination de la vie. L'instant présent est une destination. En inspirant, je fais un pas, puis un autre pas en me disant intérieurement : « Je suis arrivé. Je suis arrivé. »

« Je suis arrivé » est une pratique du village des Pruniers. Quand vous inspirez, vous prenez refuge dans votre inspiration et vous dites : « Je suis arrivé. » Quand vous faites un pas, vous prenez refuge dans votre pas et vous dites : « Je suis arrivé. » Ce n'est pas une déclaration que vous vous feriez à vous-même ou à quelqu'un d'autre. « Je suis arrivé » signifie que j'ai arrêté de courir, que je suis arrivé dans l'instant présent, car la vie n'existe que dans le moment présent. Quand j'inspire et prends refuge dans ma respiration, je touche la vie en profondeur. Quand je fais un pas et prends refuge dans ce pas, je touche aussi la vie en profondeur et, ce faisant, j'arrête de courir. Cesser de courir est une pratique très importante. Nous avons couru toute notre vie. Nous pensons que la paix, le bonheur et le succès seront présents ailleurs et plus tard. Nous ne savons pas que tout – la paix, le bonheur et la stabilité – ne peut être trouvé que dans l'ici et maintenant. C'est l'adresse de la vie – l'intersection de l'ici et du maintenant.

Il y a des graines de paix et de joie en nous. Si nous savons comment prendre refuge dans notre inspiration, dans nos pas, alors nous pourrons toucher les graines de paix et de joie et les laisser se manifester pour notre bonheur. Au lieu de prendre refuge dans une notion abstraite de Dieu, du Bouddha ou d'Allah, nous prenons refuge dans la réalité de l'ultime. Nous pouvons toucher Dieu dans notre inspiration et nos pas. Nous sommes nombreux à avoir pu le faire. Nous prenons plaisir à vivre en profondeur chaque instant de notre vie quotidienne, à travers la pratique qui consiste à toucher l'ultime – toucher la joie ici et maintenant.

Cela semble facile et tout le monde peut y arriver, mais il faut pour cela de l'entraînement. La pratique de l'arrêt est cruciale. Comment faire pour s'arrêter ? Nous nous arrêtons au moyen de notre inspiration, de notre expiration et de nos pas. La respiration consciente et la marche méditative sont les pratiques de base, ensuite vous pourrez manger en pleine conscience, boire en pleine conscience, préparer le repas en pleine conscience, conduire en pleine conscience, tout en étant paix. Ne soyons pas comme ce maître et ses disciples qui ont passé leur temps à courir pour se rendre compte un jour, en assistant à des funérailles, que c'était pour le défunt son dernier pique-nique. Apprécions notre pique-nique ici même, en cet instant même. C'est possible. Si vous pensez qu'inspirer et marcher en pleine conscience est difficile, vous vous trompez. Ce sont des pratiques très agréables. Vous pouvez toucher la paix juste en respirant et en marchant. En touchant la graine de la paix en vous-même, vous vous libérez des tensions et des conflits dans votre corps, vos émotions et vos perceptions.

Notre pratique est la pratique de la pleine conscience – de la pleine conscience en respirant, en marchant, en mangeant, en faisant la vaisselle, en préparant le repas –, vous demeurez à chaque instant dans l'ici et maintenant sans vous laisser emporter par les soucis, les projets pour l'avenir ou les regrets du passé. Nous devons retrouver notre liberté, parce que nous l'avons perdue. Nous sommes sous l'emprise de notre passé et préoccupés par l'avenir. Nous n'avons pas la capacité d'être ici et maintenant afin de toucher la vie. C'est pourquoi il est très important pour nous tous d'apprendre l'art d'être paix ici et maintenant.

Avec la présence d'une communauté de pratique, cela devient plus facile. A votre gauche se trouve un frère qui sait comment inspirer et expirer en touchant l'instant présent. A votre droite se trouve un autre ami qui sait comment marcher et s'établir avec paix et bonheur dans l'instant présent. Derrière vous, il y a une sœur et, devant vous, un frère qui peut faire de même. Vous êtes entouré de personnes qui savent pratiquer l'art de vivre dans l'instant présent, l'art de l'arrêt, l'art de toucher les graines de paix et de joie qui sont présentes en chacun d'entre nous, et l'art de devenir un instrument de paix pour ceux qui nous entourent.

« Je suis arrivé » est une pratique et non une déclaration. Je suis arrivé ici et maintenant, je peux toucher la vie en profondeur avec toutes ses merveilles. La pluie est une merveille ; le soleil est une merveille ; les arbres sont une merveille ; le visage d'un enfant est une merveille. Il y a tant de merveilles dans la vie autour de nous et en nous. Nos yeux sont des merveilles – il suffit de les ouvrir pour voir toutes sortes de couleurs et de formes. Notre cœur est une merveille – si notre cœur cesse de battre, rien ne peut continuer.

En revenant dans l'instant présent, nous touchons les

merveilles de la vie qui sont en nous-mêmes et autour de nous. Nous les apprécions tout simplement – nous n'avons pas besoin d'attendre demain pour connaître la paix et la joie. En inspirant, vous vous dites : « Je suis arrivé » et vous savez si vous êtes arrivé ou non, vous savez si vous courez toujours ou non. Même en étant assis tranquillement, vous pouvez continuer à courir dans votre esprit. Quand vous aurez le sentiment d'être arrivé, vous serez très heureux. N'oubliez pas de le faire savoir à votre ami. C'est une bonne nouvelle.

Lorsqu'on marche, il est merveilleux d'arriver à chaque instant. C'est la raison pour laquelle nous ne parlons pas en même temps. Si nous sommes occupés à parler, comment pourrions-nous être arrivés ? Si nous avons quelque chose à dire à quelqu'un, nous pouvons nous arrêter et le lui dire. Une chose à la fois. Après avoir fini de parler ou après avoir écouté l'autre, nous reprenons notre marche en pleine conscience. Si vous savez comment marcher de la sorte, vous serez toujours dans le Royaume de Dieu, en présence d'Allah, dans la Terre pure du Bouddha, tout comme l'eau est toujours dans le Royaume de Dieu.

Tous les jours, je marche avec bonheur dans le Royaume de Dieu. Cela, vous pouvez le faire tout de suite, et pas juste l'espérer. Pourquoi devrais-je me priver de cette joie ? C'est une pratique de guérison. Mes amis peuvent aussi se nourrir de cette pratique s'ils le veulent vraiment. Si tout ce que vous voulez dans la vie, c'est obtenir un diplôme ou un bon salaire, cela prend du temps, mais si vous voulez prendre plaisir à marcher dans le Royaume de Dieu, vous pouvez le faire sans attendre – il suffit de savoir comment revenir en soi-même, dans l'instant présent.

Le bon moment pour pique-niquer

En inspirant, vous pouvez dire « Je suis arrivé » et en expirant « Je suis chez moi ». Notre vrai refuge est seulement ici et maintenant. A chaque instant, nous pouvons être en contact avec nos ancêtres, Dieu, nos enfants et nos petits-enfants. Ils sont à notre portée dans l'instant présent. C'est notre véritable demeure. Et si vous avez le sentiment d'être chez vous, vous n'avez plus besoin de courir et votre pratique porte ses fruits. Si vous avez toujours le sentiment que vous avez besoin de courir, alors vous n'êtes pas arrivé, vous n'êtes pas encore chez vous. Chez vous, ce n'est pas seulement le Proche-Orient, la Hollande, l'Angleterre ou l'Amérique, chez vous, c'est ici – ici voulant dire la vie. Toutes les merveilles de la vie sont là, dans l'ici et maintenant, et cela vous donne beaucoup de joie, de paix et de bonheur.

Les cinq domaines de la paix

Nous avons notre propre territoire de paix en nous, qui est composé de cinq mondes ou domaines – notre corps, nos sensations, nos perceptions, nos formations mentales et notre conscience. Notre corps a besoin que nous lui apportions de la paix, il a besoin d'être libéré de ses conflits, de ses tensions et de ses douleurs. Le monde des émotions comporte aussi beaucoup d'orages, d'afflictions et de douleur. Nous devons apprendre à apporter de la paix dans le territoire de nos sensations et de nos émotions.

Quand je regarde mon stylo, j'en ai une perception. La vraie question, c'est de savoir si ma perception correspond à la réalité du stylo ou non, sachant que nous avons beaucoup trop de perceptions erronées. Nous pensons être les seuls à souffrir, nous pensons que les autres nous font souffrir et qu'ils ne souffrent pas du tout, eux. C'est un exemple de perception erronée. Si nous prenons le temps d'inspirer et d'expirer en étant en paix avec nous-mêmes, nous verrons que les autres souffrent beaucoup eux aussi et qu'ils ont besoin d'être aidés et non punis. C'est pourquoi la paix ne sera pas possible tant que nous ne nous serons pas débarrassés des éléments de perception erronée. Nos perceptions qui naissent de la colère et de la peur ne peuvent être qualifiées de perceptions justes. Ces perceptions erronées font ensuite naître la peur, la colère et le désespoir, ce qui peut nous pousser à commettre des actes de violence, de vengeance et de meurtre. D'où l'importance de pratiquer la méditation assise et marchée, afin d'apporter de la paix dans le domaine de nos perceptions et de nous déprendre des vues erronées.

Le quatrième domaine est celui des formations mentales, *cittasamskara*. Une formation mentale (*samskara*) est quelque chose qui se manifeste dès lors que les conditions sont réunies. Une fleur est une formation mentale — la pluie, le soleil, la terre, le temps, l'espace contribuent à la manifestation de la fleur. Notre corps est une formation physiologique. Toutes les formations sont impermanentes : elles ne cessent de changer. Notre peur, notre colère, notre discrimination, notre espoir, notre joie et notre pleine conscience sont autant de formations mentales. Dans la tradition bouddhique, cinquante et une formations mentales ont été identifiées. Lorsque nous observons notre esprit, nous ne regardons pas un espace clair et vide, mais nos formations mentales.

Il y a pour finir le domaine de la conscience. Nous devons revenir dans notre conscience, car la conscience est l'essence de tout. Notre corps, nos sensations, nos perceptions et nos formations mentales naissent de l'essence de la conscience. Non seulement notre corps contient notre conscience, mais notre conscience contient notre corps.

Je suis solide, je suis libre

Que veut dire être solide ? Cela veut dire demeurer dans l'instant présent. Nous avons tendance à nous tourner vers le passé. Nous éprouvons des regrets, nous nous sentons coupables et nous nous perdons dans ces ruminations. Nous ne sommes pas solides parce que nous sommes victimes du passé. Nous ne sommes pas capables de vivre dans l'instant présent parce que le passé est devenu un fantôme qui nous pousse à y retourner. Certaines personnes ne pensent qu'au passé et sont incapables d'apprécier pleinement la vie dans l'instant présent ; elles ne sont pas libres, pas solides.

D'autres sont perdues dans les soucis, la peur, les incertitudes quant à l'avenir. Ces soucis et ces peurs ne nous permettent pas d'être dans l'instant présent et de toucher la vie. Quand nous disons « Je suis chez moi, je suis arrivé », « Il n'y a qu'ici et maintenant », nous devenons solides. Etre solide n'est pas un souhait. Si vous vous sentez bien chez vous, vous devenez solide naturellement. C'est reconnaître que vous êtes ici et maintenant, chez vous. Ce n'est plus un espoir, mais une réalité, un fait. Vous savez si vous êtes solide ou non. Vous êtes solide quand vous êtes établi dans l'ici et maintenant. Vous ne pouvez plus être sous l'emprise du passé ou du futur. D'où les paroles « Je suis solide, je suis libre ». Libre de quoi ? Libre du passé, de mes soucis, de mes perceptions. La solidité et la liberté ne sont donc pas deux choses distinctes. Quand vous êtes solide, vous êtes libre ; quand vous êtes libre, vous êtes solide. C'est comme ici et maintenant. La solidité et la liberté sont le fondement de la paix et du bonheur. Chaque pas fait en pleine conscience nous aide à cultiver plus de solidité et de liberté. Soyez vous-même, soyez libre, soyez établi ici et maintenant. Touchez la vie en profondeur et recevez la nourriture et la paix dont vous avez tant besoin.

La vague demeure désormais dans l'eau. Vous demeurez dans l'ultime, dans Allah, dans Dieu, dans votre bouddhéité. C'est reconnaître que vous touchez l'ultime dans l'ici et maintenant. Ce n'est pas une question de temps. L'ultime est là, ici et maintenant ; tout comme l'eau est là pour la vague. L'ultime est votre essence. En marchant et en respirant de la sorte, vous êtes toujours en contact avec Dieu – non pas en tant que notion ou idée, mais en tant que réalité. Vous pouvez toucher Dieu en touchant une fleur, en touchant l'air, en touchant une personne. En dehors de tout cela, il n'y a pas de Dieu. Si vous retirez toutes les vagues, il n'y a plus d'eau. Toucher les merveilles de la vie en vous et autour de vous signifie toucher l'ultime.

Le bon moment pour pique-niquer

Savoir apprécier son petit déjeuner [1]

Quand vous préparez une tasse de thé, appréciez l'instant présent. Prenez votre tasse en pleine conscience et souriez-lui, ce qui est impossible à faire si vous êtes rempli d'idées et de pensées. Pour prendre la tasse, il faut être sans pensées. Ne penser à rien. Vous êtes simplement conscient du fait que vous prenez la tasse. Vous mettez un sachet de thé dans la tasse en y mettant toute votre présence. Ne pensez ni au passé ni au futur. Appréciez pleinement le fait de prendre la tasse entre vos mains et d'y mettre un sachet de thé. Souriez à la tasse et au thé. Vous êtes en contact avec les merveilles de la vie. Demeurez-y, ne courez pas après la vie. Prenez votre tasse en y mettant tout votre corps et tout votre esprit.

Mon maître m'a appris comment allumer un bâton d'encens alors que j'étais un jeune novice de seize ans. Il m'a dit : « Mon enfant, inspire, prends le bâton d'encens et regarde-le : ceci est un bâton d'encens. Pose ta main gauche sur ta main droite en tenant le bâton d'encens et allume-le. Investis cent pour cent de ton corps dans l'acte d'allumer l'encens. De même, quand tu places le bâton d'encens sur son support, mets-y tout ton corps et tout ton esprit. Reste concentré tout le temps nécessaire pour allumer l'encens et offrir l'encens. »

La pleine conscience est une sorte d'énergie qui appartient au domaine des formations mentales. C'est

---

1. Voir « Pratiques pour la paix : Manger en pleine conscience », p. 152.

31

une bonne formation mentale – une formation mentale très importante. Quand vous inspirez, si vous êtes conscient du fait que vous inspirez en prenant entièrement refuge dans votre inspiration, c'est ce que l'on appelle la pleine conscience de la respiration. Votre inspiration devient le seul objet de votre esprit. Quand vous inspirez, vous ne pensez à rien. Vous *êtes* simplement avec votre inspiration – à cent pour cent.

Quand vous marchez, si vous savez que vous marchez en étant pleinement conscient de chacun de vos pas, c'est ce qu'on appelle la marche méditative ou la marche en pleine conscience. Quand vous buvez du thé, si vous êtes à cent pour cent avec votre thé, sans vous laisser entraîner par le passé, par le futur ou par vos pensées, alors vous buvez votre thé en pleine conscience. La pleine conscience est l'énergie qui vous aide à savoir ce qui se passe dans l'ici et maintenant, qui vous aide à reconnaître l'instant présent comme votre vraie demeure et à savoir que les merveilles de la vie sont là. J'expire, je sais que les feuilles d'automne sont en train de tomber. La pleine conscience est l'énergie qui nous aide à être conscients de ce qui se passe.

En France, une publicité pour les yaourts disait : « Mangez-le tout doucement, pour que ça dure longtemps. » Quand on est pressé, il ne faut que quelques secondes pour avaler un yaourt, mais si vous savez vraiment apprécier un yaourt, vous dégustez chaque cuillerée lentement et vous êtes là pour le yaourt. Prenez le même plaisir à boire votre thé. Demandez-vous si vous êtes capable d'être en paix et joyeux en buvant votre thé. Mettez-vous au défi aujourd'hui. Soyez pleinement avec votre thé, dès l'instant où vous commencez à le préparer. Prenez tout le temps nécessaire pour boire votre thé de telle sorte que la paix et la détente soient possibles. Interdisez-vous les soucis, la peur et le désespoir. Ne les laissez pas vous gâcher la vie. Vous avez la chance de boire une tasse de thé – pourquoi la gâcher avec votre peur et vos incertitudes ? Si vous pouvez boire votre thé en pleine conscience, c'est une victoire pour la paix – la paix pour vous-même, pour nous, pour votre pays et pour le monde.

Quand je marche en pleine conscience d'un lieu à un autre, je prends plaisir à inspirer, à expirer et à marcher. Vous pouvez apprécier chaque instant de votre vie quotidienne lorsque vous êtes en pleine conscience et concentré. Quand vous êtes concentré, vous êtes totalement dans ce qui est là. Si vous contemplez une fleur en pleine conscience et avec concentration, vous entrez profondément en contact avec la fleur, qui est une merveille de la vie. Lorsque vous tenez votre tasse de thé en pleine conscience et prenez plaisir à savourer votre thé, vous entrez profondément en contact avec le thé et vous appréciez la paix, la joie et la liberté qui vous sont offertes en buvant ce thé. La liberté est votre pratique. Si la pleine conscience et la concentration vous apportent de la liberté et de la solidité, la paix et la joie sont possibles.

Vous pouvez faire de même en prenant votre petit déjeuner, même si votre petit déjeuner n'a rien de spécial. Le bonheur d'avoir tout le temps nécessaire pour prendre son petit déjeuner peut être très grand. Si vous savez comment vous asseoir en étant libre, alors les vingt ou trente minutes pendant lesquelles vous prendrez votre petit déjeuner seront un temps de paix. Pourquoi se faire du souci ou avoir peur quand vous prenez votre petit déjeuner ? Pourquoi se dépêcher ? Beaucoup d'entre nous ne prennent pas un vrai petit déjeuner avant d'aller travailler, laissant leur esprit se remplir d'inquiétude sur tout ce qui va se passer au cours de la journée. Nous ne sommes pas avec notre petit déjeuner, nous ne prenons pas refuge dans notre petit déjeuner. Restez avec votre petit déjeuner du début à la fin. Profitez de tout ce temps. Si vous pouvez vous asseoir librement devant votre table, alors le temps que vous passerez à prendre votre petit déjeuner sera un temps pour vivre, pour être heureux et libre. Si vous pouvez être libre et en paix pendant votre petit déjeuner, vous aurez de la paix et de la liberté à d'autres moments aussi.

Quand vous prenez votre repas, appréciez chaque aliment – un morceau de carotte, de tomate, de tofu ou de pain est une merveille de la vie. Le cosmos a fait en sorte de vous offrir cette nourriture. Demeurez avec le morceau de pain et prenez refuge en lui. Si vous mangez votre pain en pleine conscience, avec concentration, vous pourrez toucher Allah, Jésus et le Bouddha. Vous n'avez pas besoin de courir pour trouver le Bouddha, Dieu et Allah. Ils *sont* dans votre pain. Quand vous prenez refuge dans votre pain, vous touchez l'ultime. Chaque repas est une pratique profonde de paix – ne cherchez pas la paix et l'ultime en dehors.

La paix à chaque instant

Une salle de méditation est beaucoup plus grande que la pièce où vous vous trouvez. Elle inclut l'air et les terrains tout autour, ainsi que les toilettes que vous utilisez. Vous pensez peut-être que les toilettes ne sont pas un lieu aussi sacré que la salle de méditation, mais ce n'est pas vrai. Dans l'esprit du zen, les toilettes sont un lieu aussi sacré que la salle de méditation ou la salle du Bouddha. C'est pourquoi nous mettons des fleurs dans les toilettes, pour montrer que c'est un lieu de pratique. Quand vous vous lavez les mains dans les toilettes, appréciez l'eau qui s'écoule sur vos doigts – c'est Dieu, c'est le bonheur. Etes-vous capable d'apprécier la sensation de l'eau, qui est une merveille de la vie, s'écoulant entre vos doigts ? Si vous êtes dans l'ici et maintenant – en pleine conscience et concentré –, la sensation de l'eau qui coule sur vos doigts est merveilleuse, cela vous nourrit et vous guérit. Appréciez chaque seconde et souriez-vous. La paix est accessible ici et maintenant. Brossez-vous les dents de telle sorte que la paix et la joie soient possibles. Mettez-vous au défi : quand vous vous brossez les dents, demandez-vous si vous êtes heureux ou non. Prenez le temps d'apprécier cet instant. Et quand vous urinez, prenez-y plaisir. Pourquoi se presser ? Appréciez le temps que vous passez aux toilettes.

La paix et la joie sont possibles à chaque instant. Je vous en prie, essayez. Quand nous marchons ensemble en groupe, nous apprécions l'énergie collective de la pleine conscience et de la concentration. Si nous sommes perdus dans nos pensées, dans nos projets, dans le passé ou dans l'avenir, alors la marche solide d'un frère à notre droite ou d'une sœur à notre gauche va nous ramener en nous-mêmes, dans l'ici et maintenant, et nous pourrons reprendre notre marche en pleine conscience. Chaque pas fait de la sorte nous nourrit et nous guérit. Ne croyez pas que c'est une pratique difficile. La pratique doit être agréable. Si vous souffrez pendant la marche, l'assise et les repas en pleine conscience, c'est parce que vous ne pratiquez pas bien. C'est un pique-nique, vous devriez en apprécier chaque instant. De temps en temps, nous invitons la cloche à sonner. La cloche est la voix de Dieu, du Bouddha, d'Allah en nous, qui nous invite à revenir dans notre véritable demeure, ici et maintenant. Chaque fois que le téléphone sonne, c'est aussi la voix de Dieu qui nous invite à retourner dans l'instant présent. Que vous soyez en train d'aider à la cuisine ou au jardin, vous appréciez chaque instant que vous passez à couper des légumes ou à prendre soin du potager. Vous êtes toujours dans le Royaume de Dieu – ne le quittez pas. Le passeport pour entrer dans le Royaume de Dieu est la pleine conscience et la concentration. Gardez ce passeport avec vous et vous pourrez demeurer dans ce Royaume sans devoir le quitter. Faites un bon pique-nique !

S'aider à être humain :
réflexions d'un Palestinien sur la pleine conscience

J'avais déjà eu une expérience de groupe mixte de Palestiniens et d'Israéliens, mais ce que j'ai vécu ici est unique. Quelque chose s'est passé, tranquillement et avec l'écoute, qui m'a aidé à toucher la souffrance de chaque personne. Je crains que cette expérience ne soit qu'un rêve qui disparaîtra dès l'instant où j'atterrirai à l'aéroport en Israël. Je crains de vivre à nouveau l'humiliation et le manque de respect après avoir été entouré pendant quinze jours de personnes qui respectent et soutiennent les Palestiniens. J'espère que nous pourrons poursuivre et développer notre pratique commune en Israël. J'ai appris deux choses importantes ici : j'ai appris à écouter en profondeur, sans rejeter l'autre ou son point de vue, même si j'ai du mal à l'entendre. Et j'ai appris à partager, particulièrement des émotions et des expériences difficiles, avec calme et respect, de telle sorte que l'autre ait envie d'écouter. Le but n'est pas de trouver des solutions, mais plutôt d'apprendre à se comprendre et à se soutenir mutuellement.

La voix de l'amour :
un Israélien s'exprime

Lorsqu'on a été exposé à la terreur, à la violence et au déni chaque jour, que l'on soit palestinien ou israélien, c'est difficile de rester en contact avec sa sensibilité et sa douceur, difficile d'ouvrir son cœur et de ne pas revêtir une armure, difficile de pouvoir pardonner et de demander à être pardonné. Chacun de nous dans notre vie et nous tous ensemble, nous essayons de nous aider les uns les autres. Comme nous avons toujours appris à fermer notre cœur, cela prend du temps et c'est laborieux, mais cela rend chaque instant de notre vie, les bons comme les moins bons, plus profond et plus porteur de sens. Même si nous souffrons tous, nous commençons tout doucement à sentir des rayons de gratitude nous réchauffer le cœur.

Comme nous ne venons pas tous du même endroit, ce n'est pas facile de se rencontrer et il n'y a pas encore de groupes mixtes. Il est pratiquement impossible pour des Palestiniens qui viennent de la bande de Gaza, et qui ne sont pas ressortissants israéliens, de nous rejoindre quand nous nous réunissons en Israël. S'ils n'ont pas réussi à franchir les innombrables checkpoints, leur séjour dans les frontières d'Israël est généralement illégal et ils risquent d'être arrêtés. Pour les Juifs du groupe, il serait dangereux et souvent impossible de se rendre dans la bande de Gaza. Des rencontres occasionnelles entre Israéliens et Palestiniens de la bande de Gaza sont possibles, mais des rencontres sur une base régulière avec le but de créer un groupe mixte de pratiquants, dans ces circonstances, c'est très difficile. Il faut beaucoup d'efforts pour surmonter ce genre d'obstacle. Pendant les discussions sur le Dharma, nous essayons de créer une atmosphère d'ouverture et de soutien, une atmosphère au sein de laquelle nous apprenons à parler avec amour, à ne pas faire de reproches et à pratiquer l'écoute profonde. Beaucoup de gens sont heureux d'avoir un groupe dans lequel ils peuvent prendre refuge et se sentir soutenus. Ils ont des échanges sur la pratique dans la vie quotidienne et la difficulté d'être exposé à la violence tous les jours. Ils expriment également leur peur de la violence, du désespoir, de l'autre et d'eux-mêmes.

2.

Cultiver les semences de la paix

Mon intention n'est pas de vous donner des idées que vous pourrez recopier dans un carnet. Personne ne peut donner à qui que ce soit des idées sur la paix. Je souhaite plutôt vous donner une occasion de reconnaître les graines de paix et de joie qui sont déjà en chacun et chacune d'entre nous. Quand il pleut, la pluie pénètre dans le sol et, s'il pleut suffisamment, toutes les graines qui sont dans le sol seront pénétrées et auront le temps de pousser. De même, pendant un enseignement sur le Dharma, il n'y a rien à faire. Nous n'avons pas besoin de comprendre ou de retenir ce qui est dit. Nous laissons simplement la pluie tomber et, d'un seul coup, nous voyons que les graines de compréhension, de sagesse et d'amour ont poussé. Les graines de paix, de joie, de bonheur et le Royaume de Dieu sont déjà en vous, et non en dehors de vous. Si vous recherchez Dieu en pensant qu'il est en dehors de vous, vous ne le trouverez jamais. Ce serait comme une vague qui serait en quête de l'eau – elle ne la trouvera jamais. Elle doit revenir en elle-même avec la conviction forte que l'eau est en elle. La paix a alors une chance.

Quand les frères et les sœurs du village des Pruniers

chantent, ils n'adressent pas leur chant à quelqu'un d'extérieur à eux-mêmes – le Bouddha, un bodhisattva, Dieu. Leur chant est une sorte de pluie qui arrose les graines de compréhension et de paix. Lorsqu'on se lève pour s'incliner vers l'autel, cela ne veut pas dire que le Bouddha ou Dieu se trouvent dans cette direction. En nous inclinant, nous touchons l'ultime en nous-mêmes. Nous touchons ce qui est bon, ce qui est beau, ce qui est vrai. Il y a une statue du Bouddha sur l'autel, mais ce n'est qu'un bloc de pierre, et non le Bouddha. Le Bouddha est la capacité de comprendre et d'aimer qui est en chaque cellule de notre corps.

L'art de vivre seul

Le cadeau le plus précieux que nous puissions offrir à ceux que nous aimons est notre énergie de compréhension et d'amour. Si nous n'avons pas de compréhension et d'amour en nous-mêmes, nous n'avons rien à offrir aux autres et au monde. Comment peut-on cultiver la compréhension et l'amour ? En étant seul. Etre seul ne veut pas dire que vous vous coupez de la société ou que vous allez vous installer au sommet d'une montagne ou vivre dans une grotte. Vivre seul signifie que vous êtes toujours avec vous-même – vous ne vous perdez pas. Vous pouvez vous asseoir sur la place du marché tout en étant seul. Vous êtes le chef à bord, et non une victime.

Quand vous pratiquez la marche en pleine conscience, vous vous concentrez sur vos pas et sur votre inspiration et votre expiration. Même si vous marchez avec deux cents ou trois cents personnes, vous êtes toujours seul. La pleine conscience et la concentration sont en vous ; chaque respiration et chaque pas vous nourrissent et vous enrichissent, vous apportant l'énergie de la compréhension et de l'amour. Si vous n'êtes pas vous-même, vous ne pouvez pas aimer, vous ne pouvez rien offrir. Etre seul signifie revenir en vous-même, devenir maître de vous-même et ne pas vous laisser emporter. La compréhension est le fondement de l'amour. Si vous ne vous comprenez pas vous-même, vous ne pouvez pas vous aimer. Si vous ne comprenez pas votre bien-aimée, vous ne pouvez pas l'aimer.

Si vous ne comprenez pas la souffrance de votre bien-aimée, ses difficultés ou ses aspirations les plus profondes, comment pouvez-vous dire que vous l'aimez et que vous la comprenez ? Vous devez être vous-même puis, en la regardant, vous commencerez à comprendre. Si vous n'êtes pas vous-même, comment pouvez-vous écouter et voir les choses en profondeur ? Quand la compréhension est là, l'amour est possible. L'amour est l'eau qui jaillit de la source de la compréhension. Une relation n'a de sens que si chaque personne est elle-même. Si, dans votre couple, vous êtes tous les deux pleins de compassion, d'amour et de beauté, vous n'avez rien d'autre à vous offrir mutuellement.

Nous adorons parler ; c'est un plaisir. Mais si vous ne pratiquez pas la pleine conscience, vous risquez de vous laisser emporter par vos paroles. Vous n'aurez pas grand-chose à offrir, et l'autre non plus. S'il y a quelque chose en vous de très précieux, vous pouvez l'offrir et le partager. Parler est une offrande et une manière de s'exprimer. Mais si toutes vos idées sont vides, ce n'est pas un vrai cadeau. Vous aurez des opinions sur tout, mais ce ne sera pas forcément ce dont l'autre a besoin. Ce dont l'autre a besoin, c'est de votre compréhension, de votre amour et de votre regard profond – non en tant qu'idées, mais en tant que réalité vivante. Si la vision profonde, la compassion et la joie sont en vous, la relation a du sens. Si vous avez appris l'art de vivre seul – l'art d'être vous-même et de cultiver l'énergie de la paix, de la compréhension et de la compassion à chaque instant –, votre relation sera plus profonde. C'est assez simple. Dès que vous avez cinq ou dix minutes de libres, utilisez-les pour vous enrichir, pour devenir plus solide, plus libre, plus compréhensif et compatissant. La joie, la compréhension et la compassion sont les plus beaux cadeaux que nous puissions offrir à ceux et celles que nous aimons. Si vous voulez avoir quelque chose à offrir, cultivez-le lorsque vous êtes seul.

Imaginez un arbre qui se nourrit de la terre, de l'eau et des minéraux. Avec toute cette nourriture, il nourrit les branches et les feuilles et crée des fleurs. Un arbre a tant de choses à offrir au monde. Si nous détachons les racines du sol, l'arbre ne peut plus recevoir les nutriments dont il a besoin pour produire des fleurs et des fruits. Nous sommes comme les arbres. Si nous ne savons pas comment revenir en nous-mêmes, être vraiment présents, cultiver et pratiquer le regard profond et l'écoute profonde, nous ne pourrons pas recevoir les nutriments dont nous avons besoin et nous n'aurons pas grand-chose à offrir à la personne que nous aimons.

Le temps passé ensemble est très précieux. Nous voulons devenir un instrument de paix pour nous-mêmes, pour notre famille et pour notre société. Mais si nous ne sommes pas suffisamment solides, même si nous venons pratiquer lors de retraites, nous n'arriverons pas à continuer la pratique une fois de retour dans notre environnement. Il y a des choses que nous n'arrivons pas à faire seuls, mais qui deviennent faciles avec une communauté, une Sangha. Nous avons aussi tendance à être paresseux. Même si nous savons comment écouter la cloche, comment pratiquer l'assise et la marche en pleine conscience, nous ne pratiquons pas, parce que personne autour de nous ne pratique. C'est pourquoi la présence d'une communauté de pratique est un grand encouragement et un grand soutien.

Prendre soin de nos émotions

Nous savons que c'est une très belle matinée – les collines, la brume, le soleil. Nous voulons être touchés par cette beauté et l'accueillir dans notre cœur. Nous savons que c'est très nourrissant. Mais, parfois, une émotion surgit et nous empêche d'apprécier ce qui se passe, ici et maintenant. Tandis que les autres sont capables de laisser les montagnes, le lever du jour et la beauté de la nature pénétrer leur corps et leur esprit, nous sommes enfermés dans nos soucis, notre peur et notre colère, et la beauté du jour ne peut nous pénétrer. Nous considérons notre peur, notre colère et nos soucis comme des ennemis. Nous pensons que, sans eux, nous serions libres, et que c'est à cause d'eux que nous ne pouvons pas recevoir la nourriture dont nous avons besoin. Dans de tels moments, nous devons nous accrocher à notre respiration consciente et reconnaître nos afflictions, qu'il s'agisse de la colère, de la frustration ou de la peur. Supposons que nous soyons inquiets ou anxieux. Nous pratiquons : « J'inspire, je sens l'anxiété en moi. J'expire, je souris à mon anxiété. » Vous avez peut-être l'habitude de vous faire du souci. Même quand il n'y a pas lieu de s'inquiéter, vous vous inquiétez. Chaque fois que vous sentez anxieux, vous savez que le bonheur n'est pas possible. Vous voudriez bannir les soucis et vous en débarrasser. Vous savez que lorsque vous vous faites du souci, vous ne pouvez pas toucher les merveilles de la vie, vous ne pouvez pas être heureux. Alors, vous êtes en colère contre votre tendance à vous faire du souci, vous n'en voulez plus. Mais cette tendance fait partie de vous et c'est pourquoi, quand cette tendance se manifeste, vous devez savoir la traiter en douceur. C'est possible si vous avez l'énergie de la pleine conscience. Vous cultivez l'énergie de la pleine conscience avec la respiration consciente et la marche en pleine conscience, puis vous reconnaissez et vous embrassez tendrement vos soucis, votre peur et votre colère.

Quand votre bébé souffre et pleure, vous ne voulez pas le punir, parce que votre bébé, c'est vous. Votre peur et votre colère sont comme votre bébé. Ne pensez pas que vous pouvez les jeter par la fenêtre. Ne soyez pas violent à l'égard de votre colère, de votre peur et de vos soucis. La pratique consiste à les reconnaître. Continuez à pratiquer la respiration consciente et la marche en pleine conscience et, avec l'énergie générée par votre pratique, vous pourrez reconnaître ces émotions intenses, leur sourire et les accueillir tendrement. C'est la pratique de la non-violence envers vos soucis, votre peur et votre colère. Si vous êtes en colère contre votre colère, elle sera multipliée par dix. Ce n'est pas malin ! Vous souffrez déjà beaucoup et si vous en avez après votre colère, vous souffrirez encore plus. Un bébé n'est pas très agréable quand il pleure et s'agite, mais dès que sa mère le prend tendrement dans ses bras, la tendresse de la maman pénètre le bébé. Au bout de quelques minutes, le bébé se sent mieux et il cesse généralement de pleurer. Sans les pratiques de base que sont la respiration consciente et la marche en pleine conscience, vous ne pouvez pas générer l'énergie de la pleine conscience. C'est l'énergie de la pleine conscience qui vous aide à reconnaître la souffrance et la tristesse et à les prendre tendrement dans vos bras. Vous ressentez alors un soulagement et votre bébé se calme. Vous pouvez désormais apprécier le magnifique coucher de soleil et vous nourrir des merveilles de la vie qui sont autour de vous et en vous.

Une goutte d'eau dans la rivière

Quand nous sommes débutants, il nous est parfois difficile de pratiquer seuls. Nous avons un peu de pleine conscience et de concentration, mais pas assez pour prendre notre bébé dans nos bras. C'est pourquoi nous avons besoin d'une communauté pour pratiquer, d'une Sangha. L'énergie du groupe est très forte et, si vous savez comment vous y ressourcer, vous serez assez fort pour tenir votre bébé dans vos bras sans être submergé par la souffrance.

Il est très important de prendre refuge dans la Sangha. Quand vous jetez une pierre dans la rivière, même un tout petit caillou, elle coule. Mais si vous avez une barque, vous pouvez garder les pierres hors de l'eau.

C'est pareil avec la Sangha. Si vous êtes seul, vous risquez de sombrer dans la rivière de la souffrance, mais si vous avez une communauté de pratique, vous pouvez laisser votre souffrance et votre chagrin se faire bercer dans les bras de la Sangha. Beaucoup d'entre nous ont profité de l'énergie collective de la Sangha. Si vous voyez que la Sangha est précieuse et cruciale pour votre pratique, une fois de retour chez vous, faites de votre mieux pour créer un groupe de personnes qui pourront pratiquer avec vous et tout le monde en profitera. C'est votre bateau.

Quand vous pratiquez bien, vous devenez votre propre refuge et un refuge pour vos proches et votre famille. Si vous pouvez transformer votre famille en Sangha, les autres pourront y prendre refuge. Et si vous réunissez quelques familles, vous pourrez bâtir une Sangha. Un groupe où il y a une bonne pratique devient un refuge pour de nombreuses personnes. Il n'y a pas d'espoir si l'on ne bâtit pas une Sangha.

Dans une Sangha, nous sommes une goutte d'eau dans la rivière. Nous nous laissons porter et transporter par la Sangha. Ne soyez pas une goutte d'huile dans la rivière, qui ne se mélange pas aux autres gouttes d'eau – vous n'irez nulle part ainsi. Laissez-vous porter par la Sangha afin que votre douleur, votre chagrin et votre souffrance soient reconnus et embrassés. Faites confiance à votre Sangha. Imaginez que vous êtes une goutte d'eau et que vous voulez rejoindre l'océan. Si vous y allez seul, vous risquez de vous évaporer, mais si vous vous laissez porter et embrasser par la Sangha, vous y arriverez. Vous êtes séparé uniquement lorsque vous êtes une goutte d'eau séparée. Ne l'oubliez pas.

Parfois, nous avons le sentiment que nous ne pouvons plus continuer, que nous allons craquer, que nous allons être victimes du désespoir. Il est bon alors de se souvenir que nous avons un ami. Si notre ami était là avec nous en ce moment, cela irait mieux, car cet ami est solide et joyeux. Mais cet ami est loin. Seul, vous êtes perdu, et vous savez que vous ne pouvez pas vous en sortir. Si vous êtes dans cet état d'esprit, vous devez tout faire pour aller voir cet ami. Abandonnez tout. Allez le voir parce que vous avez besoin d'équilibre, parce que personne d'autre autour de vous ne peut vous aider à restaurer votre équilibre pour surmonter ce moment difficile. Quand vous arrivez chez cet ami et que vous vous asseyez à ses côtés, vous vous sentez capable de survivre. Vous constatez que vous pouvez respirer. Vous voyez que vous pouvez respirer, marcher, boire votre thé et savoir que vous allez bien. Vous savez aussi que vous ne pourrez pas toujours rester avec cette personne. A un moment donné, vous devrez rentrer chez vous et reprendre votre vie.

Conservez bien ces moments passés avec votre ami et cultivez assez d'énergie pour vous aider à survivre quand vous serez seul. L'été et en automne, le ciel est clair et il y a du soleil. Vous savez que l'hiver va être rude et qu'il faudra mettre du bois dans le poêle pour chauffer la maison. Si vous attendez l'hiver pour couper du bois, les bûches n'auront pas le temps de sécher. C'est pourquoi vous coupez le bois en été et vous le rentrez en automne de manière à ce qu'il soit prêt pour l'hiver. Si nous ne maîtrisons pas la pratique d'être nous-mêmes et de générer l'énergie de la pleine conscience et de la concentration quand nous sommes avec nos amis, il sera difficile voire impossible de le faire quand nous serons seuls.

L'arrosage sélectif

On pourrait dire que notre esprit est composé de deux couches, un peu comme une maison ayant un sous-sol. La couche supérieure est appelée « conscience mentale » et la couche inférieure « conscience du tréfonds ». On dit parfois que la conscience du tréfonds est la terre, le sol de notre conscience. Les graines de la compréhension, de l'amour, de la joie et du bonheur, les graines du chagrin, de la peur et du désespoir sont toutes enfouies en nous. Quand vous entendez un enseignement sur le Dharma, cet enseignement est comme la pluie qui tombe sur le sol de la conscience du tréfonds, pénétrant la graine de la joie, la faisant pousser et produisant des fleurs dans la conscience mentale. Quand vous entendez des paroles de violence et de peur, cela arrose la graine de la colère en vous, qui fait à son tour pousser une fleur de colère, de peur ou de discrimination. Le genre de pluie que vous recevez détermine le genre de graine qui se manifestera. On parle de graines lorsqu'elles se trouvent dans la conscience du tréfonds et de formations mentales lorsqu'elles sont dans la conscience mentale.

Dans le bouddhisme, on dit qu'il y a cinquante et une catégories de graines. La pleine conscience en est une. Si vous pratiquez la marche, l'assise, le thé et les repas en pleine conscience, la graine de la pleine conscience devient de plus en plus forte. Elle devient plus présente dans votre conscience du tréfonds et plus facile à faire apparaître en cas de besoin. Si vous ne pratiquez pas, elle restera toute petite.

Quand vous étiez bébé, la graine de colère qui était

en vous était certainement toute petite. Mais si vos parents n'ont pas su s'occuper de vous, si vous avez été exposé à un environnement plein de violence et de colère, la graine de colère s'est développée. Si vous êtes en guerre, les graines de colère et de violence grandissent et finissent par occuper la salle à manger de votre esprit. Notre bonheur et notre souffrance dépendent entièrement de nos graines. Il y a des gens qui n'étaient pas du tout en colère ou violents il y a dix ans, mais qui le sont aujourd'hui. Il est possible d'empêcher l'arrosage des graines de colère et de faire en sorte que les graines de pleine conscience, de joie et de compassion soient arrosées tous les jours.

Si vous avez une famille, elle profitera de cette pratique. Vous pouvez organiser votre vie de telle sorte que votre famille devienne une unité de pratique. Vous savez comment faire pour que vous-même, votre partenaire et vos enfants évitent d'arroser les graines de violence, de colère et de peur. Vous faites en sorte que les graines de joie, de compréhension et de compassion soient arrosées plusieurs fois par jour. On appelle cette pratique l'arrosage sélectif. Nous n'arrosons que les bonnes graines et nous évitons d'arroser les graines négatives.

La pratique de l'arrosage sélectif peut apporter des résultats très rapidement. Une heure de pratique peut vraiment faire la différence. La personne que vous aimez peut avoir toutes sortes de graines en elle : de la joie, de la souffrance et de la colère. Si vous arrosez la colère, en l'espace de cinq minutes vous aurez obtenu le pire de cette graine. A l'inverse, si vous savez comment arroser les graines de compassion, de joie et de compréhension, elles s'épanouiront comme une fleur au bout de vingt minutes de pratique. Et ce sera un plaisir pour tout le monde. En reconnaissant les bonnes graines qui sont présentes dans votre bien-aimée et en lui disant : « Chérie, tu es merveilleuse », vous ne faites que dire la vérité. Vous arrosez sa confiance en elle et elle deviendra une source de bonheur non seulement pour elle-même mais aussi pour vous.

Cultiver un beau jardin

Votre partenaire dans la vie est votre jardin, et vous êtes le jardinier qui apprend à arroser les fleurs. Il y a des fleurs en chacun d'entre nous, mais aussi du compost – le compost est notre colère, notre peur, notre discrimination et notre jalousie. Si vous arrosez le compost, il va se développer. Vous pouvez aussi arroser les fleurs de la compassion, de la compréhension et de l'amour. A vous de choisir.

En fait, vous avez deux jardins : votre propre jardin et celui de votre bien-aimée. Vous devez d'abord prendre soin de votre jardin et apprendre à jardiner. Si vous ne savez pas comment pratiquer l'arrosage sélectif dans votre propre jardin, vous n'aurez pas assez de sagesse pour aider à arroser les fleurs de votre bien-aimée. En vous occupant bien de votre propre jardin, vous aidez aussi l'autre à cultiver son jardin. Une semaine de pratique peut changer beaucoup de choses. Vous êtes plus qu'assez intelligent pour faire le travail. Vous devez prendre la situation en main et ne pas la laisser vous échapper. Vous en êtes capable. Chaque fois que vous pratiquez la marche méditative, en mettant tout votre corps et tout votre esprit dans chaque pas, vous prenez la situation en main. Chaque fois que vous inspirez en sachant que vous inspirez, chaque fois que vous expirez et que vous souriez à votre expiration, vous êtes vous-même, souverain, vous êtes le jardinier de votre propre jardin. Nous comptons sur vous pour prendre soin de votre jardin, afin d'aider ceux que vous aimez à prendre soin de leur jardin.

Si vous y parvenez pour vous-même et pour votre bien-aimée, vous devenez une Sangha – une communauté de deux personnes – et vous pouvez désormais être un refuge pour une troisième personne. C'est ainsi que la Sangha grandit. Il y a de la compréhension mutuelle entre vous et votre bien-aimée. Quand la compréhension mutuelle est là et qu'il y a de la communication, alors le bonheur est possible et vous pouvez devenir un refuge pour une troisième ou une quatrième personne.

Nous pouvons également regarder nos autres relations. Que vous soyez en couple, un père avec son fils ou une mère avec sa fille, si vous avez une relation difficile et que vous voulez faire la paix entre vous, vous devrez passez par ce processus. Le père doit revenir en lui-même et, si possible, le fils doit aussi revenir en lui-même. Le fils peut être l'instigateur du processus de paix. Il sait qu'il doit commencer par s'aider afin de pouvoir aider son père. Il va dans son jardin et cultive les fleurs de la compassion, de la compréhension et de la joie. Il revient ensuite retrouver son père, plein de fraîcheur et de compassion. Avant, il ne pouvait pas aider son père, il pensait que c'était impossible. Mais comme il s'est transformé lui-même, il est plein de joie et de compassion et sait qu'il peut aider son père à se transformer.

Une véritable feuille de route pour la paix

Beaucoup de gens dans le monde sont préoccupés par la souffrance au Proche-Orient. L'organisation d'une conférence de paix serait un moyen formidable d'éducation à la paix, pour chacun des deux peuples en conflit et pour le monde entier. Le processus de paix, la feuille de route pour la paix, ne vient pas du gouvernement. Il vient de votre cœur et de votre bien-aimée et, à vous deux, vous pouvez former une multitude. Si vous êtes suffisamment nombreux à savoir gérer la colère et la peur, à savoir vous calmer, alors vous pouvez organiser une conférence de paix. Vous n'avez pas besoin d'attendre que votre gouvernement s'en charge. Votre gouvernement a fait plusieurs tentatives dans le passé, en vain. Parce qu'il ne connaissait pas bien le processus de paix ou la feuille de route pour la paix, il parle de la paix en termes politiques et ne sait pas comment penser en termes d'êtres humains.

Lorsque des parties en guerre participent à une conférence de paix, chaque partie est pleine de suspicion, de colère et de méfiance. Comme toutes ces émotions sont présentes dans leur cœur, il est difficile d'avancer vraiment, parce qu'il n'y a pas de base de paix pour faire la paix avec l'autre. Les négociateurs de la paix devraient eux-mêmes être paix. Ils doivent pour le moins savoir comment gérer leur colère, leur peur et leur suspicion.

Lors de pourparlers pour la paix, les gens font habituellement de nombreuses propositions et discutent beaucoup. Une véritable conférence de paix devrait être organisée comme une retraite et il faudrait donner du temps aux deux parties pour se calmer et prendre soin de leurs émotions, de leur peur, de leur suspicion. Chacun devrait avoir le temps de cultiver son propre jardin. Certains d'entre nous savent comment aider. Des personnes qui viennent du Proche-Orient connaissent la pratique qui consiste à se calmer, à se reposer et à embrasser sa peur et sa colère. Nous pouvons aider à préparer le terrain pour qu'il y ait une compréhension mutuelle. Si vous pouvez aider votre bien-aimée à cultiver un beau jardin, alors la compréhension mutuelle et la communication deviennent possibles. Si vous êtes suffisamment nombreux à connaître l'art de cultiver votre jardin, vous pouvez organiser une conférence de paix. Le groupe israélien peut pratiquer ensemble pendant une ou deux semaines le retour en soi-même pour cultiver son propre jardin. Entre-temps, le groupe palestinien fait la même chose. Nous avons besoin de gens qui savent comment se calmer, embrasser et sourire, afin de calmer nos émotions, notre peur et notre méfiance, afin que la communication soit possible. Si les négociations pour la paix échouent, c'est parce que les gens n'ont pas commencé à pratiquer. Ils sont pressés et veulent discuter tout de suite. La compréhension mutuelle n'est pas possible s'il y a beaucoup de souffrance, de peur et de suspicion de chaque côté.

Vous pouvez organiser une conférence de paix, quelque part au Proche-Orient, à Paris et même au village des Pruniers. Vous pouvez y inviter la presse internationale. Vous pratiquez la paix, vous n'êtes pas là pour en discuter – et vous établissez la communication avec l'autre partie. C'est le processus de paix – la véritable feuille de route pour la paix. Vous en êtes capable.

La paix en soi, la paix en marche

Ecoute profonde et parole aimante[1]

L'année dernière, lors d'une retraite à Oldenburg en Allemagne, nous avons eu six jours de pratique pour apprendre l'art de communiquer. Au début, les gens trouvaient très difficile d'utiliser la parole aimante parce qu'ils avaient beaucoup de colère. Pères et fils, mères et filles, ils ne pouvaient pas se regarder. Il leur était impossible d'utiliser la parole aimante et d'écouter. Après trois ou quatre jours de pratique, les enseignements sur le Dharma avaient arrosé les graines de compassion et de compréhension en eux. Nous sommes tous capables de reconnaître que nous ne sommes pas les seuls à souffrir, que l'autre souffre beaucoup aussi et que nous sommes en partie responsables de sa souffrance. A partir du moment où vous en aurez pris conscience, vous pourrez regarder l'autre avec les yeux de la compassion et vous dire : « Maintenant je sais qu'il souffre beaucoup aussi. Je ne suis pas le seul à souffrir. Je lui reprochais ma souffrance, mais maintenant je sais que je suis en partie responsable de ma souffrance et que je l'ai aussi fait souffrir. » Dès lors, vous comprenez. Avec la compréhension et la compassion, quand vous regardez l'autre, la situation change. Vous découvrez soudain que vous pouvez écouter l'autre avec compassion et que la communication est possible.

Le cinquième jour de la retraite d'Oldenburg, j'ai donné des instructions aux retraitants sur la manière de se réconcilier avec leurs êtres chers. J'avais donné

---

1. Voir « Pratiques pour la paix : L'écoute profonde et la parole aimante », p. 159.

l'enseignement sur le Dharma à neuf heures du matin et ils avaient jusqu'à minuit pour faire ce travail de réconciliation, en utilisant la parole aimante et l'écoute profonde. Puis nous avons eu un jour de pratique. Si leur bien-aimée faisait la retraite, ils pouvaient aller la voir en pratiquant l'écoute profonde et la parole aimante. « Chérie, je sais que tu as souffert pendant des années. Je n'ai pas su t'aider à moins souffrir. En fait, j'ai même aggravé les choses. Je t'ai reproché ma souffrance. Maintenant, je sais que j'ai contribué à ta souffrance. J'en suis désolé. S'il te plaît, donne-moi une chance. Je ne veux pas que tu souffres. Je veux que tu sois heureuse. S'il te plaît, dis-moi ce que je n'ai pas su bien faire. Je ne veux pas répéter les erreurs que j'ai commises dans le passé. J'ai besoin de ton aide pour y arriver. » Un grand nombre de personnes qui participaient à la retraite ont pu s'exprimer ainsi pour la première fois. Jusqu'alors, les graines de compréhension et de compassion en elles n'avaient pas été arrosées. Quatre ou cinq jours d'arrosage sélectif peuvent transformer toute la situation, et ces retraitants y sont arrivés le cinquième jour.

Le matin du sixième jour, quatre hommes sont venus me dire que, la veille au soir, ils avaient appelé leur père avec leur téléphone portable et qu'ils avaient pu se réconcilier avec lui. C'était remarquable, parce que leur père ne participait pas à la retraite et qu'il ne pratiquait pas du tout – il suffisait qu'une personne pratique pour aider l'autre aussi. Quand vous êtes transformé, quand vous avez la compréhension, la compassion en vous, vous pouvez transformer l'autre. Cette nuit-là, ils ont pu utiliser la parole aimante et ouvrir la porte du cœur de leur père. Ils étaient très heureux.

La paix en soi, la paix en marche

Supposez que vous soyez non pas une personne mais un groupe de Palestiniens voulant désespérément la paix. Maintenant, vous connaissez le véritable processus de paix. Nous ne pouvons pas rechercher Dieu ou la paix dans le gouvernement. La paix est à trouver dans notre cœur. Le véritable processus de paix doit venir de nous, de notre groupe et de notre peuple. Cessons de reprocher à l'autre de ne pas pratiquer la paix. Nous devons pratiquer la paix afin d'aider l'autre à faire la paix.

Supposons que le groupe de Palestiniens connaisse le processus de paix. Vous vous réunissez et vous n'êtes pas pressé de parler de paix. Vous prenez le temps pour pratiquer la paix, pour être paix. Et quand votre jardin est devenu beau, vous contactez le groupe d'Israéliens. Entre-temps, le groupe d'Israéliens a aussi découvert le processus de paix et pratiqué de même. Et quand les deux groupes, qui sont devenus de beaux jardins, se rencontrent, la communication devient facile.

Je pense que d'ici six mois à un an, votre groupe pourra organiser une conférence de paix. Cela pourra avoir lieu n'importe où et le monde entier viendra vous écouter et vous voir pratiquer. Nous serons nombreux à venir vous soutenir, ce qui attirera l'attention de la communauté internationale et de vos gouvernements.

Si vous êtes une véritable entité de paix, si vous pouvez écouter l'autre groupe avec toute votre compassion et voir qu'il souffre autant que le vôtre, votre gouvernement vous écoutera. Les adultes comme les enfants vivent constamment dans la peur. Si vous les voyez comme les victimes d'une souffrance, le nectar de la compassion pourra éclore dans votre cœur et vous souffrirez moins. En souffrant moins, vous les aiderez à souffrir moins. Chaque solution que vous trouverez avec ce genre de compréhension mutuelle sera un véritable accord de paix, un texte signé par les deux parties. Si la perception, la colère et la suspicion restent intactes des deux côtés, ce n'est qu'une feuille de papier ; ce n'est pas la paix. S'il y a de la compassion et de la compréhension mutuelle, alors vous n'avez même pas besoin d'un papier.

Nous ne pouvons pas attendre que nos gouvernements mettent en place le processus de paix. Cela pourrait leur prendre des années, en vain. Nous devons prendre la situation en main et organiser le processus de paix par notre pratique.

Ecrire une lettre d'amour

Si vous avez des difficultés avec une personne, vous pouvez vous isoler pour lui écrire une lettre. Donnez-vous trois heures pour écrire cette lettre en utilisant la parole aimante et en pratiquant le regard profond pour explorer la nature de votre relation. Pourquoi la communication a-t-elle été difficile ? Pourquoi le bonheur n'a-t-il pas été possible ? Vous pouvez commencer ainsi : « Mon cher fils, je sais que tu as beaucoup souffert toutes ces dernières années. Je n'ai pas su t'aider – en fait, j'ai même aggravé les choses. Ce n'était pas mon intention de te faire souffrir, mon fils. Je suis certainement très maladroit. Peut-être qu'en t'imposant mes idées, je t'ai fait souffrir. Autrefois, je pensais que tu me faisais souffrir, que tu étais la cause de ma souffrance. Je me rends compte maintenant que je suis responsable de ma propre souffrance et que je t'ai fait souffrir. Moi qui suis ton père, je n'ai pas envie que tu souffres. S'il te plaît, dis-moi en quoi j'ai été maladroit dans le passé pour que je cesse de te faire souffrir, parce que si tu souffres, je souffre aussi. J'ai besoin de ton aide, mon cher fils. Nous devrions être heureux tous les deux, père et fils. Je suis déterminé à y contribuer. S'il te plaît, dis-moi ce qu'il y a dans ton cœur. Je promets de faire de mon mieux pour éviter de dire ou de faire des choses qui te blessent. Je croyais que cela allait me soulager, mais j'avais tort. Je me rends compte aujourd'hui que tout ce que je dis ou fais qui te fait souffrir me fait souffrir aussi. Je suis déterminé à ne plus recommencer. S'il te plaît, aide-moi. »

Passez trois heures, même une journée, à écrire cette lettre. Vous ne serez plus la même personne après. La paix, la compréhension, la compassion vous auront transformé. Un miracle peut se produire en vingt-quatre heures. C'est la pratique de la parole aimante.

L'art de l'écoute profonde

La pratique de l'écoute profonde et compatissante est cruciale. Si vous n'avez pas de compassion, vous ne pouvez pas écouter, parce que ce que dit l'autre peut arroser les graines d'irritation et de colère qui sont en vous et, dans ce cas, vous pouvez perdre votre compassion et ne plus pouvoir écouter.

Si vous savez comment écouter pendant une heure, en profondeur et avec compassion, l'autre souffrira moins. C'est quelque chose qui guérit et transforme. C'est la pratique du bodhisattva Avalokiteshvara, un grand être qui a la capacité de l'écoute profonde.

Quand vous écoutez votre bien-aimée avec compassion, cela l'aide à moins souffrir. C'est important aussi pour un thérapeute. Si un thérapeute ne sait pas s'écouter, il ne saura pas vous écouter. C'est pourquoi vous devez être un thérapeute, vous devez être le bodhisattva et écouter votre bien-aimée. Vous devez commencer par voir que votre bien-aimée a beaucoup souffert et que vous avez aggravé la situation. Maintenant, écoutez-la et regardez-la avec compassion. Demandez-lui de vous dire ce qu'elle a sur le cœur.

Peut-être ne sera-t-elle pas encore capable d'utiliser la parole aimante ; ses paroles seront peut-être pleines d'amertume, de reproches et de jugement. Mais si vous êtes un bodhisattva, vous pouvez continuer à l'écouter avec compassion. Ecouter avec un seul but : l'aider à moins souffrir. Puis, même si ses paroles sont pleines de jugement, d'amertume et d'accusation, vous pourrez l'écouter. L'énergie de la compassion vous protège. Les paroles de votre bien-aimée ne peuvent plus arroser vos graines d'irritation et de colère parce que vous cultivez la compassion.

La compassion est la pleine conscience. Si vous maintenez cette attention, vous êtes protégé. Vos graines d'irritation et de colère ne seront pas arrosées et vous pourrez écouter pendant une heure sans être affecté par les paroles de l'autre. Vous ne cherchez pas à corriger ce qu'elle dit, même si ses paroles sont pleines de perceptions erronées et d'accusations – vous n'éprouvez que de la compassion : « Oh, elle a beaucoup de perceptions erronées. » Vous ne cherchez pas à vous venger ou à la critiquer parce que vous avez de la compassion.

Vous savez que vous pourrez l'aider à se défaire de ses perceptions erronées plus tard et qu'il n'est pas indispensable de le faire maintenant. Si vous tentez de la corriger maintenant, vous risquez de tout gâcher. Contentez-vous d'écouter et de vous dire que vous aurez tout le temps demain ou un autre jour pour lui donner des informations qui l'aideront à corriger ses perceptions erronées. Vous savez qu'il n'y a pas d'urgence. Vous êtes calme et empli de compassion. C'est la paix.

Quelques jours plus tard, quand vous trouverez que l'atmosphère est bonne, vous commencerez à divulguer quelques informations : « Chérie, ce n'est pas comme ceci, mais comme ça. » N'essayez pas de tout dire tout de suite, elle ne pourrait pas le supporter. Trois jours après, vous donnerez d'autres informations, puis vous continuerez cinq ou six jours plus tard, l'aidant ainsi à corriger ses perceptions. C'est un processus de paix. Dans une relation entre deux personnes, que vous soyez en couple, ou dans une relation père-fils, mère-fille, le processus est le même. La situation s'est peut-être dégradée depuis des années, mais si vous êtes déterminé à pratiquer, une semaine suffit pour restaurer la communication et améliorer la qualité de votre relation, pour vous rendre heureux, vous et votre bien-aimée.

Dans une situation où les deux parties sont en guerre, le processus est exactement le même. Votre groupe, que vous soyez israélien ou palestinien, peut commencer à écrire une lettre collective en utilisant le même langage : « Cher peuple, nous savons que vous avez beaucoup souffert au cours des dernières années. Nous pensions être les seuls à souffrir, mais maintenant nous nous rendons compte que vous avez vous aussi beaucoup souffert. Nous n'avons pas su vous aider à moins souffrir ; en fait, nous avons même aggravé les choses. » C'est la vérité. « Nous n'avons pas l'intention de faire souffrir votre groupe. Nous avons été très maladroits. Nous ne connaissions pas le processus de paix et nous avons réagi avec colère et frustration. Nous avons voulu vous punir chaque fois que nous avons souffert et cela n'a fait qu'aggraver les choses. Nous ne croyons plus aux actes de vengeance. Nous avons besoin de votre aide. Nous ne voulons pas continuer ainsi. Nous voulons vraiment vous donner une chance de vivre en paix et heureux pour que nous puissions vivre en paix et heureux, parce que votre paix et votre bonheur sont essentiels pour notre paix et notre bonheur. Si vous n'êtes pas en sécurité, alors nous ne serons pas en paix et en sécurité. Nous reconnaissons que nous inter-sommes. Notre paix et notre sécurité dépendent de votre paix et de votre sécurité. C'est pourquoi vous devez nous aider et nous devons vous aider. Voyons-nous comme des frères et non comme des adversaires. Parlez-nous et nous vous écouterons. »

Les Palestiniens et les Israéliens qui sont venus au village des Pruniers au cours des dernières années ont reçu cette pratique. Pendant les cinq, six premiers jours, la consigne est de ne pas parler, de pratiquer la respiration consciente, la marche méditative, le fait de reconnaître la peur, la colère et la souffrance en soi et de se calmer. Puis l'on s'assied pour écouter l'autre groupe et reconnaître qu'ils ont aussi beaucoup souffert. Nous pouvons désormais regarder l'autre avec les yeux de la compassion en utilisant l'écoute profonde et la parole aimante. Quand l'autre groupe en vient à parler de sa souffrance et de sa frustration, alors la compréhension mutuelle devient une réalité. Le dernier jour, les deux groupes se retrouvent pour exposer leur pratique à toute la Sangha réunie.

Vous êtes intelligent. Vous vous êtes servi de votre intelligence et de votre lucidité pour faire la paix en vous-même et avec votre bien-aimée, de manière à pouvoir faire la paix avec ceux que vous considérez comme des ennemis. Ils ont terriblement besoin de vous et vous avez terriblement besoin d'eux.

VOIX PERSONNELLE

Construire un espace intérieur :
un Israélien se met à rêver

La possibilité que les Juifs et les Arabes vivent en paix, partagent un territoire, un pays, en tant qu'égaux, sans se sentir menacés, me semble un rêve très lointain. Mais au cours de ces journées que nous avons passées ensemble ici, j'ai eu le sentiment que ce n'était pas qu'un rêve. Dans l'ici et maintenant, il y a eu une réalité que nous avons partagée, Juifs et Arabes. J'ai eu alors le sentiment que nous pouvions vivre ensemble en tant qu'êtres humains, au-delà des religions et des définitions nationales. Je sens à quel point la pratique nous a transformés, combien le fait de pratiquer l'écoute profonde et de parler avec le cœur, de marcher en pleine conscience, de prendre nos repas en pleine conscience et de nous sourire a ouvert mon cœur pour me faire prendre conscience de ma propre confusion et de ma souffrance, de la confusion et de la souffrance des autres ainsi que de notre joie à tous. Nous avons été capables de nous asseoir ensemble et d'accueillir notre tristesse et notre colère. Pour moi, pratiquer c'est construire un espace intérieur où l'on peut accueillir tout ce qui surgit, sans lutter, sans se disputer, juste en étant ouvert à sa souffrance et à celle de l'autre.

3.

Trouver le bonheur

J'ai déjà parlé de la pratique de la solitude. Vous pensez peut-être ne pouvoir être heureux qu'en compagnie de gens avec qui parler et vous amuser. Mais votre joie et votre bonheur peuvent être très profonds dans la solitude également. Si notre joie et notre bonheur sont profonds, nous aurons beaucoup à donner et à partager. L'incapacité de vivre seuls nous rend de plus en plus pauvres ; nous n'avons pas assez de choses qui nous nourrissent et nous n'avons pas grand-chose à offrir aux autres. C'est pourquoi il est important d'apprendre à vivre dans la solitude. Nous devrions passer chaque jour un moment seuls avec nous-mêmes, parce qu'il est ensuite plus facile de pratiquer le regard profond. Cela ne veut pas dire qu'il est impossible de pratiquer la solitude et le regard profond quand on est dans la foule. C'est possible. Même sur la place du marché, vous pouvez être seul et ne pas vous laisser emporter par la foule ; vous restez vous-même. On peut aussi rester soi-même dans un groupe de discussion, même s'il y a une émotion collective. Nous continuons à demeurer dans la sûreté et la solidité de notre île.

Il y a deux étapes. La première consiste à être seul

physiquement. La deuxième consiste à être capable d'être soi-même et de vivre dans la solitude, même dans un groupe. Etre dans la solitude ne signifie pas se couper des autres. C'est parce que vous êtes dans la solitude que vous pouvez être en communion avec le monde. Je me sens relié à vous parce que je suis pleinement moi-même. C'est très simple. Pour vous relier au monde, vous devez commencer par revenir en vous-même.

Une fleur s'ouvre à chaque pas

Je voudrais vous recommander un exercice qui peut se faire plusieurs fois par jour. Trouvez un chemin d'une centaine de mètres, par exemple d'un arbre à un autre arbre ou à une pierre. Au début, choisissez un petit chemin en forêt ou dans un parc près de chez vous. Du début à la fin, il doit y avoir environ deux ou trois cents pas, peu importe. La qualité n'est pas dans le nombre de pas mais dans chaque pas que vous faites.

Admettons que vous naissiez au point de départ de votre marche A et que vous mouriez au point d'arrivée B. C'est votre durée de vie et vous marchez entre ces deux points en appréciant chaque pas. Comme vous savez qu'après le point B, plus rien ne vous attend, vous n'êtes pas pressé. Vous naissez comme Siddhârta, le bébé Bouddha. Quand Siddhârta est né, il a fait sept pas et, à chaque pas, une fleur de lotus est apparue sous ses pieds. Vous pouvez naître en cet instant même en étant un bébé Bouddha – pourquoi pas ?

Faites cette expérience de naître en tant que bébé Bouddha. Commencez par faire un pas et un lotus fleurira sous vos pieds. En faisant le pas suivant, un autre

lotus s'épanouira. Quand nous marchons en faisant
éclore de belles fleurs de lotus sous nos pieds, nous
apprécions pleinement chacun de nos pas. Nous touchons profondément les merveilles de la vie sous nos
pieds. Nous ne pensons pas au point B, où la seule chose
qui nous attend c'est le cimetière. Nous n'aimons pas
l'idée d'y aller. Ce n'est pas la direction de la vie. Nous
n'avons aucune envie d'y courir.

Quel est le sens de la vie ? Le sens de la vie est ici et
maintenant. C'est très simple et scientifique. Nous
avons appris que le passé n'est plus et que le futur n'est
pas encore. Il n'y a que l'instant présent et l'instant présent est le sens de la vie. Nous sommes arrivés à chaque
pas. En faisant le premier pas, nous pouvons nous dire :
« Je suis arrivé. Je suis arrivé. » Le deuxième pas n'est ni
moins ni plus important que le premier. Avec le premier
pas, vous pouvez ressentir la félicité, le bonheur, la joie,
la solidité, la liberté et le Royaume de Dieu. Pourquoi
faudrait-il se dépêcher ? Pourquoi faudrait-il courir ?
Pourquoi faudrait-il marcher aussi vite ?

Pour rendre les choses plus faciles, associez votre inspiration à votre premier pas. Vous inspirez et vous faites
un pas en étant déterminé à être arrivé. Vous n'avez pas
besoin que le deuxième pas arrive. Vous êtes totalement
concentré sur le premier. Vous pouvez demeurer avec le
premier pas et expirer, ou inspirer et expirer à nouveau.
Vous n'avez pas besoin de faire le deuxième pas. Soyez
totalement dans cet instant.

Touchez l'instant présent aussi profondément que
possible et touchez toutes les merveilles de la vie qui
sont là dans l'instant présent. Vous pouvez les toucher
non seulement avec vos pieds, mais aussi avec vos yeux,
vos oreilles et votre esprit. Vous touchez tout ce qui est

là – la feuille, le caillou, la petite fleur, le chant d'un oiseau. Vous êtes complètement libre de votre désir de courir au point B. Vous être vraiment libre. Jusqu'alors, vous n'étiez pas libre parce que vous couriez. Quand vous faites le premier pas en l'appréciant pleinement, le désir de courir n'est plus. Vous vous imprégnez totalement de l'instant présent et vous touchez l'ici et maintenant. C'est une pratique très agréable. Vous avez de la solidité et de la liberté et vous touchez pleinement la vie qui est en vous et autour de vous.

Portez votre attention sur la plante de vos pieds et touchez la terre profondément. Plus vous la toucherez en profondeur, plus vous serez solide et libre. Votre joie sera alors indescriptible. Vous êtes libre. C'est la pratique de l'absence de but. Vous êtes libre de tout but, de tout désir ; il n'y a rien après quoi courir. Le mot sanskrit *apranihita* signifie « ne pas mettre quelque chose devant soi et courir après ». Nous avons pratiquement tous un objet que nous poursuivons et, à cause de cet objet, nous sommes en permanence en train de courir sans jamais pouvoir nous arrêter. C'est la pratique de l'arrêt. Essayez de pratiquer seul. Allez en forêt, choisissez deux arbres et allez de l'un à l'autre de manière à ce que chaque pas vous apporte de la liberté et de la joie. Prenez tout votre temps. A chaque pas, vous êtes totalement libre du désir de courir. C'est un art et c'est la pratique de base de l'arrêt. La méditation bouddhique ne peut être un succès sans cette pratique.

Peut-être même continuez-vous à courir dans votre sommeil. En pratiquant l'arrêt, vous voyez que tout ce que vous cherchiez est déjà là, ici et maintenant. Et vous voyez que le Royaume de Dieu et la Terre pure du Bouddha sont à votre portée ici et maintenant, vingt-quatre heures sur vingt-quatre. La question est de savoir si nous sommes disponibles pour le Royaume. Vous devez détruire tout ce que vous recherchez, vous devez l'envoyer promener et revenir en vous-même. Dieu, la solidité, la liberté, l'immortalité, tout est accessible dans l'ici et maintenant. Avec cette compréhension, marcher en pleine conscience n'est pas difficile, c'est un plaisir. Chaque minute de cette pratique a le pouvoir de guérir et de transformer.

Le Royaume de Dieu

Vous n'avez pas besoin d'être cérémonieux quand vous marchez dans le Royaume de Dieu. Vous pouvez adopter toute façon de marcher qui vous apporte la joie la plus profonde. Vous n'avez pas besoin de montrer à qui que ce soit que vous pratiquez. Si vous voyez quelque chose d'intéressant, vous pouvez vous baisser, regarder cette chose et lui sourire. Vous continuez à inspirer et à expirer en pleine conscience de manière à rester solide dans l'ici et maintenant. Vous entrez en contact avec l'ici et maintenant non seulement avec vos pieds, mais aussi avec vos yeux, votre nez, votre langue, vos mains et votre esprit. Les six organes des sens s'associent pour toucher l'ici et maintenant. Vos yeux, vos oreilles, votre nez, votre langue et votre esprit sont en contact avec les formes, les sons, les odeurs, les goûts, les objets tangibles et les perceptions.

La guérison n'est pas possible tant que notre corps et notre esprit ne s'arrêtent pas. Si votre corps et votre esprit sont constamment tendus et sous pression, la guérison est difficile. A partir du moment où vous pouvez vous arrêter physiquement et mentalement, votre corps et votre esprit développent la capacité d'autoguérison. Chaque pas vous aide à vous guérir physiquement et mentalement. Si vous pratiquez ainsi plusieurs jours de suite, vous remarquerez le changement dans votre corps et dans votre esprit.

Lorsque vous vous coupez le doigt, il n'y a aucune raison de s'inquiéter. Il faut simplement nettoyer la blessure et votre corps fera le reste ; vous n'avez rien à faire. Notre corps a la capacité de se guérir, mais il faut lui en laisser le temps. Nous devons pour cela nous reposer et nous arrêter. C'est pourquoi je recommande la pratique de la relaxation profonde[1]. Vous pouvez inviter votre partenaire, un ami ou un enfant à venir s'allonger avec vous et, ensemble, vous vous arrêtez physiquement et mentalement de manière à ce que votre corps et votre esprit puissent guérir. Nous avons perdu la capacité de nous reposer. Même quand nous avons dix jours de vacances, nous ne savons pas en profiter pour nous reposer. Il nous arrive parfois même de nous sentir encore plus fatigués après des vacances. La relaxation et l'arrêt sont un art qu'il faut réapprendre.

La distance qui vous sépare du Royaume de Dieu est un éclair de pleine conscience. Avec la pleine conscience de la respiration, vous êtes à nouveau dans le Royaume. Avec la pratique de la pleine conscience, il est possible de rester dans le Royaume sans jamais devoir le quitter. La pleine conscience est l'Esprit saint, l'énergie de Dieu, qui est toujours disponible sous la forme d'une graine dans notre conscience du tréfonds. Chaque fois que

---

1. Voir « Pratiques pour la paix : La relaxation profonde », p. 164.

nous touchons cette graine, elle devient une énergie qui nous protège et nous ramène à notre vraie demeure – la vie, le Royaume. Défaites-vous de l'idée que le Royaume de Dieu existe en dehors de vous et dans l'avenir. Le Royaume de Dieu est vous, parce que vous faites partie du Royaume de Dieu. C'est l'essence que vous touchez. On peut la voir dans une feuille morte, un caillou, un insecte, le soleil, l'eau, la pluie. Il est ici et maintenant.

Si je devais vous faire un cadeau, je ne vous offrirais pas moins que le Royaume de Dieu. C'est un gâchis d'être sur cette terre si vous ne savez pas comment passer un moment en marchant dans le Royaume de Dieu. Pour obtenir un diplôme, vous devez étudier pendant des années, mais pour marcher dans le Royaume de Dieu, il vous suffit de vous éveiller au fait que le Royaume est là, que vous faites partie de ce Royaume et que vous êtes une merveille. Si vous pensez être moins qu'une merveille, vous vous trompez. Vous êtes une vraie merveille – vous n'avez rien d'autre à être. Vous êtes un miracle. Vous êtes merveilleux tel que vous êtes. Que vous soyez un homme ou une femme, noir ou blanc, musulman, chrétien ou juif, vous êtes une merveille. Vous pouvez vous éveiller à cette réalité et savoir que vous n'avez plus besoin de courir pour être heureux.

Imaginez que vous êtes un astronaute rentrant d'un voyage sur la Lune. Vous étiez impatient d'aller y faire un tour. Vous avez dû apporter de l'oxygène et de l'eau pour y pique-niquer. Imaginez toujours qu'au bout de deux ou trois jours sur la Lune, vous vous apercevez qu'il y a un problème avec votre fusée et que vous ne pouvez plus rentrer sur terre. Il vous reste de l'oxygène pour trois jours et vous savez que même si vos collègues restés sur terre vous envoyaient une autre fusée, vous seriez mort avant qu'elle n'arrive. Si depuis la Terre, on vous demandait quel est votre désir le plus cher en cet instant, vous répondriez quelque chose du genre : « Je veux retourner sur terre. J'adore la Terre – les petits chemins, la terre rouge, l'herbe verte, les fleurs, les arbres et les écureuils qui vont et viennent. Mon désir le plus profond est de rentrer chez moi et de marcher sur terre. Je ne veux pas être le PDG d'une grande entreprise. Je ne veux pas être un écrivain ou un réalisateur célèbre. Je ne veux qu'une chose : retrouver ma planète pour aller y faire de belles marches. »

Qu'attendez-vous ? Maintenant que vous êtes sauvé, vous devez revenir sur terre. N'êtes-vous pas content d'être là ? Si vous savez comment marcher en pleine conscience, vous chérirez la Terre et vous trouverez des moyens pour protéger la planète, les rivières, les arbres, les écureuils et la vie humaine. En marchant dans le Royaume de Dieu, nous devenons un instrument de paix. C'est merveilleux d'être nés et de reconnaître que nous sommes vivants. C'est le début du processus de paix.

Faire la vaisselle en pleine conscience

Il y a quelques années, j'ai écrit un livre sur la manière de faire la vaisselle en pleine conscience[1]. Certains d'entre nous ne savent pas faire la vaisselle. Nous y voyons une corvée que nous préférons laisser aux autres. Je pense qu'une fois de retour chez vous, vous devriez faire la vaisselle avec votre compagnon ou votre

---

1. *Le Miracle de la pleine conscience*, L'Espace bleu, 1996.

compagne. Cela peut être très agréable, vous êtes là ensemble, et il y a de la place pour vous deux. Evitez d'acheter une machine à laver la vaisselle. Quand j'étais novice, je devais faire la vaisselle pour une centaine de moines. Il n'y avait pas d'eau courante – ni eau chaude ni eau froide – et pas de savon. Vous devez vous demander comment je faisais ! Je n'avais qu'une écorce de noix de coco séchée et une éponge pour récurer les casseroles. C'est encore le cas pour beaucoup de gens dans mon pays. Je devais aussi aller ramasser du bois dans les pinèdes qui entouraient le monastère. Nous ramassions des branches mortes et des aiguilles de pin qui nous servaient à cuire le riz ou la soupe.

Nous n'étions que deux novices pour une centaine de moines. C'était un vrai plaisir de faire la vaisselle ensemble, même sans eau chaude ni savon. Certains pays ont des maisons modernes très confortables. L'eau froide et l'eau chaude arrivent directement dans la cuisine ; il suffit de tourner le robinet. Peut-être êtes-vous paresseux. Vous voyez une grosse pile d'assiettes et vous n'avez aucune envie de les laver. Mais dès que vous remontez vos manches et que vous vous retrouvez devant l'évier, ce n'est plus aussi difficile. Que vous viviez dans un pays moderne ou que vous ne disposiez que d'un puits pour puiser l'eau, vous pouvez dans tous les cas trouver du plaisir à faire la vaisselle.

Supposez que le bébé Bouddha – ou le bébé Mahomet ou le bébé Moïse – vienne juste de naître. Vous avez envie de lui faire prendre un bain. Lavez chaque bol, chaque plat comme si vous laviez le bébé Bouddha – en inspirant, vous éprouvez de la joie, en expirant, vous souriez. Chaque minute peut être une minute sacrée. Où recherchez-vous le spirituel ? Vous recherchez le spirituel dans toutes les choses ordinaires de tous les jours. Balayer le sol, arroser les légumes dans le potager et faire la vaisselle devient quelque chose de sacré dès lors que la pleine conscience est là. Avec la pleine conscience et la concentration, tout devient spirituel. Si vous voulez en finir au plus vite avec la vaisselle pour aller boire votre thé, alors il n'y a plus d'intérêt à faire la vaisselle. Si vous ne savez pas profiter du temps que vous passez à faire la vaisselle, quand vous irez vous asseoir pour boire votre thé, vous penserez à d'autres choses et vous gaspillerez le moment de boire votre thé. Vous pensez tout le temps à autre chose et, ce faisant, vous vous gâchez la vie. C'est pourquoi, si vous voulez vraiment apprécier votre tasse de thé, vous devez prendre un vrai plaisir à faire la vaisselle. Faites en sorte que ce soit un plaisir. Vous pouvez organiser votre vie de manière à ce que chaque instant soit une célébration.

Les conditions du bonheur

Imaginez que vous êtes assis au pied d'un arbre en train d'écrire sur une feuille de papier les conditions du bonheur qui sont déjà là pour vous. C'est une véritable méditation qui nécessite pleine conscience et concentration. Par exemple, vous pouvez écrire : « Je peux pratiquer la marche méditative tous les jours, plusieurs fois par jour » ou « L'air est frais et la journée agréable ». Au bout d'un moment, vous aurez déjà rempli deux feuilles et vous pourriez continuez. A qui écrivez-vous tout cela ? A qui allez-vous donner cette feuille ? En fait, c'est pour vous et personne d'autre. Vous en aurez peut-être besoin. Chaque fois que vous la lirez, vous vous rappellerez que vous êtes très heureux, parce qu'il y a plein de conditions pour vous rendre heureux.

Mais très souvent, nous piétinons les conditions de notre bonheur. Nous pensons que nous ne sommes pas heureux, qu'il nous faut encore plus de conditions pour être heureux et que ces conditions viendront plus tard. L'enseignement et la pratique nous encouragent vivement à revenir en nous-mêmes, ici et maintenant, et à prendre conscience que toutes les conditions de notre bonheur sont déjà là – nous en avons plus qu'il nous en faut pour être heureux. Vous vous souvenez, et votre communauté et votre maître vous le rappellent, que le bonheur est là – et qu'il suffit de l'accueillir.

La souffrance et le bonheur inter-sont

Cela ne veut pas dire qu'il n'y a pas de souffrance. Il n'y a pas de lieu sans souffrance. Le bonheur et la souffrance inter-sont. C'est comme la gauche et la droite. Penser que la droite peut exister sans la gauche est absurde. Sans gauche, il ne peut y avoir de droite. Si l'un n'est pas là, l'autre n'est pas là non plus. Si vous n'aviez jamais eu faim, vous ne connaîtriez pas la joie d'avoir quelque chose à manger. Si vous n'aviez jamais eu froid, vous ne pourriez pas connaître le bonheur d'avoir quelque chose de chaud à porter.

Au village des Pruniers, nous avons plusieurs étangs de lotus. Les fleurs de lotus ne poussent que dans la boue. La boue ne sent peut-être pas aussi bon que la fleur de lotus mais, sans boue, il ne peut y avoir de fleur. Si vous êtes jardinier, vous savez que le compost est nécessaire pour que les fleurs et les légumes puissent pousser. Quand vous regardez une fleur, vous voyez le compost et le fumier. Les fleurs et les ordures ont besoin les unes des autres. En l'espace d'une dizaine de jours, une fleur devient un détritus. Si vous méditez bien, vous voyez le compost dans la fleur maintenant. Si vous ne méditez pas, vous attendez dix jours et la fleur se décompose. Quand un jardinier biologique regarde un tas d'ordures, il peut déjà y voir des laitues ou des tomates, car il sait comment transformer les ordures en fleurs.

Il en est de même pour la souffrance et le bonheur ; c'est comme de la nourriture biologique. Le bonheur peut devenir souffrance si vous ne savez pas y faire. Si vous ne savez pas aimer, l'amour se transforme en haine. Si vous connaissez l'art du jardinage biologique, vous pouvez faire en sorte que la souffrance redevienne bonheur et que la haine redevienne amour. Parce que avec nos déchets nous pouvons faire de belles fleurs, parce que grâce à la souffrance nous pouvons apprendre la compréhension et la compassion. Comment pouvez-vous attendre de vos enfants qu'ils soient pleins de compassion s'ils ignorent ce qu'est la souffrance ? La compassion est faite de compréhension. S'il n'y a pas de compréhension de la souffrance, il n'y a pas de compassion.

Vous avez peut-être déjà entendu parler des quatre nobles vérités. La première noble vérité est la souffrance, le mal-être. La deuxième noble vérité est la compréhension des racines du mal-être. Il n'y a aucun doute qu'il y a de la souffrance sur notre planète, la Terre, mais la Terre est aussi un endroit où l'on peut apprendre la compréhension et la compassion. Si nous sommes capables de toucher les merveilles de la vie, si nous savons comment vivre heureux à chaque instant, nous ne créerons pas de souffrance pour nous-mêmes et pour autrui.

La compréhension est quelque chose de très concret ; c'est l'opposé de l'ignorance. Quand vous souffrez, vous vous mettez en colère et vous voulez punir votre bien-aimée, pensant qu'ainsi vous souffrirez moins. Ce n'est pas de la compréhension mais de l'ignorance. Car, si vous la punissez, elle souffrira beaucoup et cherchera à se venger d'une manière ou d'une autre, de sorte que le cycle de la colère et de la vengeance continuera.

Nous savons que nous avons la capacité de blesser notre bien-aimée avec nos paroles et nos actions. Elle peut en souffrir toute une journée ou pendant des jours. Nous savons aussi qu'elle peut nous faire souffrir. Elle peut nous dire ou nous faire quelque chose qui nous tiendra éveillé toute la nuit au point d'en perdre notre bonheur. Nous avons tous les deux la capacité de nous punir mutuellement. Cela peut durer longtemps mais, un jour, vous vous rendez compte que cela n'a été bénéfique pour personne. Soudain vous comprenez, c'est très clair et très simple : en vous punissant mutuellement, vous n'allez nulle part. Vous pouvez commencer par dire gentiment : « Arrêtons de nous punir mutuellement. Aidons-nous. Ne prenons pas la voie de la vengeance, mais celle de l'entraide et de la protection mutuelle. Je fais le vœu de ne plus te punir, ma chérie, parce que je sais qu'en te punissant, je vais te faire souffrir et me faire souffrir. Si tu as aussi cette compréhension, tu sauras que le fait de me punir non seulement me fait souffrir mais te fait aussi souffrir. » C'est la compréhension, c'est la compassion.

En tant que groupe d'Israéliens et de Palestiniens,

vous avez traversé beaucoup de souffrance. Chaque fois que votre peuple est frappé par une bombe ou une arme, vous voulez vous venger. Le message est très clair : « Si vous nous attaquez, nous riposterons. Œil pour œil, dent pour dent – telle est la politique. Si vous commettez un acte de terrorisme, vous subirez la terreur. » Ce message vise à dissuader l'autre. Vous vous terrorisez et vous menacez mutuellement. Mais si vous êtes éveillé, si vous avez souffert et su tirer les enseignements de votre souffrance, vous saurez qu'un acte de vengeance n'a jamais produit aucun résultat positif.

Ecrivez une lettre d'amour ensemble. La lettre doit être le produit de votre compréhension et de votre compassion. Si vous n'avez pas suffisamment de compréhension, vous ne pourrez pas écrire cette lettre. Cela pourra vous prendre plusieurs mois, parce que vous voulez manifester tout l'éveil et toute la compassion qui sont dans votre cœur. Quand vous aurez terminé votre lettre et que l'autre groupe l'aura lue, il verra qu'elle est le produit de votre éveil et de votre compassion et pas simplement un acte diplomatique. Cela va les toucher. Cela parlera directement au cœur des Palestiniens, des Israéliens et de tous ceux qui, dans le monde, se sentent concernés par la souffrance au Proche-Orient. Vous exprimez la voix de votre peuple parce que votre gouvernement n'a pas su le faire et, ce faisant, vous faites partie du véritable processus de paix.

J'ai vu des personnes écrire une lettre d'amour à leur mari ou à leur femme, à leur fils ou à leur fille, à leur père ou à leur mère. Quand le destinataire la reçoit, il est complètement transformé et la réconciliation devient possible. Si cela marche pour deux personnes, cela marchera pour deux groupes de personnes. Etes-vous suffisamment éveillés ? Avez-vous assez de compréhension et de compassion pour voir vraiment la situation ? Si vous pouvez voir votre propre souffrance et la souffrance de l'autre groupe, vous pourrez écrire cette lettre. Cette lettre sera comme un coup de tonnerre, car elle ne contiendra que la vérité, l'éveil et la paix. C'est notre pratique de la paix. Entre-temps, vous pouvez écrire une lettre personnelle à votre bien-aimée pour voir l'éveil et la compassion qui sont en vous. Vous saurez ensuite s'il est temps de vous rencontrer en tant que groupe et d'écrire une lettre à l'autre groupe.

VOIX PERSONNELLE

Quelque chose commence à s'installer et à grandir :
une femme palestinienne parle

Autrefois, je pensais que le langage n'était qu'un outil de communication. Mais au cours des derniers mois, je me suis rendu compte que ma langue maternelle n'est pas seulement une langue, mais qu'elle fait partie de moi, de ma culture, de mes traditions et de mon histoire. C'est le fondement de mon appartenance à mon peuple et à mon pays. Renoncer à ma langue, c'est effacer une partie de moi. La première fois que je me suis exprimée dans ma langue maternelle, j'ai eu le sentiment de retrouver quelque chose de précieux qui m'avait manqué pendant des années. J'ai découvert que je pouvais communiquer mes idées, mes émotions et mon être profond plus facilement que je ne l'avais jamais pensé possible. Je me suis aperçue que le fait de créer un espace pour la langue arabe dans nos rencontres avait affecté positivement les Palestiniens. Pour la première fois, ils se sont sentis des hôtes et non des invités ou des étrangers. J'ai également ressenti de l'acceptation parmi les Israéliens, ce qui m'a apporté un sentiment d'égalité.

Je sens que quelque chose s'installe et grandit. Il se passe vraiment quelque chose, avec une participation égale des deux côtés, qui pousse le bateau dans la bonne direction. Les membres de la Sangha appartiennent à deux pays en conflit. Le combat est profondément enraciné et très douloureux. Il y a eu des décennies de haine. Notre groupe est différent des autres en ce sens qu'il traite de la résolution des conflits par une pratique de la paix intérieure, de l'écoute profonde et de la parole aimante. Le conflit est là avec nous dans la Sangha, même quand nous n'en parlons pas. Je m'aperçois que le simple fait d'en parler doit se faire sous la protection de la pratique et à travers la pratique.

Nous devons pratiquer d'une manière très ancrée, car nous vivons dans une réalité cruelle. De nombreux obstacles peuvent perturber notre attention et arroser les graines de haine et de fureur qui sont en nous. Notre expérience renforce la foi en chacun de nous.

4.

Traité de paix

En 1964, pendant la guerre, j'ai contribué à créer l'Ecole des jeunes pour le service social au Vietnam, pour faire face aux problèmes de violence, de pauvreté, de maladie et d'injustice sociale. Nous avons formé des jeunes, hommes et femmes, moines et laïcs, au travail social. Nous sommes allés dans les campagnes pour aider les paysans à reconstruire leurs villages et à améliorer leur qualité de vie par l'éducation, la santé et l'organisation.

Certains villages n'avaient pas d'école. Les enfants devaient travailler dès leur plus jeune âge pour aider leurs parents à cultiver la terre, pêcher et faire plein d'autres choses. Nous sommes allés dans ces villages où nous avons mis en place de modestes écoles. Nous n'avions pas beaucoup d'argent. Un ou deux jeunes de notre école s'y rendaient pour jouer avec les enfants et leur apprendre à lire et à écrire.

Quand il pleuvait, nous demandions la permission à l'un des villageois d'aller chez lui pour continuer à faire la classe. Peu à peu, les parents ont vu que les enfants nous aimaient bien. Nous avons finalement proposé aux paysans de nous aider à construire une école, avec des feuilles de noix de coco pour le toit et des bambous pour les murs. Ce fut la première école du village. Quand ils ont vu que nous faisions quelque chose de bien, ils nous ont aidés à agrandir l'école afin que d'autres enfants puissent venir. Nous proposions également des cours du soir pour les enfants et les adultes qui ne pouvaient pas venir la journée. Des amis nous offraient de l'huile ou du kérosène afin de pouvoir allumer des lampes pour les cours du soir. Nous avons commencé à agir avec nos propres moyens. Nous n'attendions rien du gouvernement, parce que si vous attendez quelque chose du gouvernement, vous pouvez attendre longtemps.

Parfois, nous faisions venir au village un avocat ou un juge de la ville pour que les villageois obtiennent des certificats de naissance pour leurs enfants. Les enfants qui n'avaient pas de certificat de naissance ne pouvaient pas être inscrits à l'école publique. Un matin, nous avons fait délivrer vingt certificats de naissance et les enfants qui fréquentaient notre école ont pu aller à l'école publique.

Nous avons également mis en place des centres de santé construits avec des feuilles de noix de coco et des bambous. Nous mélangions de la boue à de la paille pour faire les murs. J'ai montré aux jeunes comment procéder. Nous ajoutions du ciment dans les murs pour les rendre plus solides. Nous avons demandé à six étudiants qui terminaient leurs études de médecine de venir chaque semaine pour établir un diagnostic et soigner les paysans. Les villageois qui venaient au centre avaient toutes sortes de maladies – cataractes, toux, rhumes. Nous n'avions aucun budget, seulement notre cœur. Nous étions jeunes et l'énergie de l'amour nous aidait à agir. Nous avons également montré aux gens comment construire des toilettes. Jusqu'alors, ils allaient aux toilettes n'importe où. S'ils avaient la diarrhée, la bactérie se propageait et tout le monde l'attrapait. Nous leur avons montré comment fabriquer des toilettes très bon marché avec du ciment et du sable. De même, nous leur avons montré comment faire du compost et élever des poulets. Nos jeunes apprenaient les techniques à l'école et allaient ensuite partager leurs connaissances dans les villages. Nous avons fait toutes sortes de choses et cela nous a procuré beaucoup de joie.

Nous avons également aidé à mettre en place des coopératives et appris aux gens à s'organiser et à investir leur argent. Une personne empruntait de l'argent aux autres familles afin de construire une maison ou d'investir dans une petite entreprise. Puis, le mois suivant, une autre personne empruntait de l'argent à d'autres personnes encore.

C'est ainsi que nous avons mis en place des villages pilotes. Quand nous arrivions dans un village, nous prenions des photos sur la façon de vivre des gens. Au bout d'un an de travail, le village était transformé et nous prenions d'autres photos. Nous invitions d'autres villageois à venir voir par eux-mêmes, pour leur donner envie de transformer leur village de la même façon. Nous ne comptions sur aucun gouvernement, parce qu'il y avait deux gouvernements au Vietnam – l'un communiste et l'autre anticommuniste – qui se faisaient la guerre. Nous ne voulions pas prendre parti, parce que nous savions que si nous prenions parti, il nous faudrait nous battre contre le gouvernement adverse. Quand vous consacrez votre temps et votre vie à combattre l'autre, vous ne pouvez pas aider vos semblables.

La première chose à faire était de gagner la sympathie

des gens. Quand nous allions dans un village et que nous cherchions un endroit où dormir, nous ne choisissions pas une famille riche, pour ne pas nous mettre les gens à dos. De même, nous n'allions pas dans une maison où se trouvait une belle femme, pour éviter les commérages. Chaque mois, nous dédommagions les gens qui nous offraient le gîte et le couvert. Il fallait gagner leur cœur. Nous aidions les paysans à s'entraider, à prendre leur situation en main et à ne rien attendre de leur gouvernement.

Désespoir et espoir

A cause de la guerre, les bombes ont détruit beaucoup de villages et il y a eu de nombreux réfugiés. Au départ, notre intention était d'œuvrer au développement rural mais, quand la guerre s'est intensifiée, nous nous sommes occupés des réfugiés en leur cherchant un endroit où s'installer. En 1969, un village que nous avions aidé à construire dans la province de Quang Tri a été bombardé. Il était situé non loin de la zone démilitarisée séparant le Nord du Sud. Ce village s'appelle Tra Loc. Nous avions passé plus d'un an à faire de ce village un bel endroit agréable et, un jour, les avions américains sont venus le bombarder parce qu'on leur avait dit que les vietcong s'y étaient infiltrés.

Les villageois ont perdu leurs maisons et nos travailleurs ont dû trouver refuge ailleurs. Ils nous ont écrit pour nous demander s'ils devaient reconstruire le village et nous avons répondu : « Oui, vous devez reconstruire le village. » Nous avons passé six mois à le faire et le village fut à nouveau détruit par les bombardements.

Les gens perdirent à nouveau perdu leurs maisons. Nous avions construit beaucoup de villages dans le pays, mais c'était très difficile à proximité de la zone démilitarisée. Nos travailleurs nous ont demandé s'il fallait reconstruire le village une troisième fois et, après une longue discussion, nous avons dit : « Oui, il faut le reconstruire. » Nous l'avons donc reconstruit une troisième fois. Savez-vous ce qu'il s'est passé ? Il fut à nouveau détruit par des bombardiers américains.

Nous étions très proches du désespoir. Le désespoir est la pire chose qui puisse arriver à un être humain. Nous avions reconstruit le village deux fois et il venait d'être bombardé pour la troisième fois. La même question se posait : « Faut-il reconstruire ? Faut-il abandonner ? » Nous nous posions beaucoup de questions dans notre quartier général et nous étions tentés de renoncer – trois fois, c'était trop. Mais, finalement, nous avons eu la sagesse de ne pas renoncer. Si nous avions renoncé au village de Tra Loc, nous aurions abandonné tout espoir. Nous devions garder espoir pour ne pas sombrer dans le désespoir. C'est pourquoi nous avons décidé de reconstruire le village une quatrième fois.

Tra Loc vivait une situation très difficile. Des hommes se tuaient et mouraient chaque jour. La Russie, la Chine et les États-Unis étaient impliqués dans la guerre. Ils avaient leurs idéologies, leurs armes, leurs conseillers et leurs personnels miliaires. Nous voulions mettre un terme à la guerre mais ce n'était pas possible, parce que la situation n'était pas entre nos mains – elle était entre celles des grandes puissances.

Il ne semblait pas y avoir d'espoir, parce que la guerre s'éternisait. J'avais besoin de pratiquer la respiration consciente et de revenir en moi-même, dans ma vraie demeure. J'avais très peu d'espoir, je l'avoue, mais si je n'avais plus eu d'espoir, j'aurais détruit ces jeunes gens engagés dans l'action sociale. Je devais pratiquer et nourrir un peu d'espoir en moi afin d'être un refuge pour eux.

Revenir en soi-même

J'ai eu une disciple qui prit les vœux de moniale, sœur Tri Hai, qui était diplômée de littérature anglaise de l'université de Bloomington dans l'Indiana. Un jour, elle fut arrêtée et incarcérée pour avoir milité pour la paix et les droits de l'homme. En prison, elle pratiquait la marche méditative dans sa petite cellule qu'elle partageait avec d'autres femmes, car cela lui donnait le courage de survivre. Elle a aidé beaucoup de monde en prison. Dans une telle situation, vous survivez grâce à votre vie spirituelle, sinon vous devez fou. Vous n'avez pas d'espoir, vous êtes frustré et vous souffrez beaucoup. C'est pourquoi la dimension spirituelle est si importante dans votre vie. Si vous êtes envahi par la colère, le désespoir et la peur et que vous souffrez beaucoup, vous ne pouvez pas vous aider – alors comment pourriez-vous aider les autres ? La colère est un feu qui ne cesse de vous brûler. Nous avons traversé le feu et nous savons comme il brûle.

Sœur Tri Hai pratiquait la marche méditative toute la nuit pour rester elle-même et ne pas devenir folle. Elle revenait en elle-même. Sa vraie demeure n'était pas Paris, Londres ou Tra Loc, parce que cette maison pouvait être bombardée et totalement détruite. Le Bouddha a dit : « Retournez dans votre île intérieure. Il y a en nous une île sûre. Chaque fois que vous souffrez, chaque fois que vous êtes perdu, revenez en vous-même. Personne ne peut vous prendre votre île. » Le Bouddha a donné cet enseignement à ses disciples alors qu'il avait quatre-vingts ans et qu'il savait qu'il allait bientôt mourir[1].

Il y a des jours où tout semble aller de travers. Nous pensons qu'avec notre intelligence et notre talent, nous allons y arriver. Mais il y a des jours où tout semble aller mal. Et quand les choses vont mal, nous redoublons d'efforts. Mais, malgré cela, les choses continuent d'aller mal. Nous nous disons que ce n'est pas notre jour, que nous n'avons pas de chance aujourd'hui. La meilleure chose à faire est de cesser d'essayer, de revenir en soi-même et de se retrouver. Vous ne pouvez pas juste compter sur votre intelligence et sur votre talent pour continuer. Vous devez revenir en vous-même et vous retrouver, gagner en solidité, en liberté, en paix et en calme avant de réessayer.

Pendant des années, j'ai eu un ermitage dans la forêt à environ deux heures de Paris. Un matin, je suis sorti de l'ermitage pour aller marcher dans les bois. J'y ai passé toute la journée, à pratiquer la méditation assise et à écrire de la poésie. Il faisait très beau le matin mais voyant, en fin d'après-midi, que les nuages s'amoncelaient et que le vent commençait à souffler, je suis reparti dans mon ermitage. Quand j'y suis arrivé, tout était sens dessus dessous car j'avais ouvert les fenêtres et la porte pour que le soleil puisse entrer et tout sécher à l'intérieur. Le vent avait soufflé tous les papiers sur mon

---

1. Voir le « Discours sur la prise de refuge en soi-même » dans le livre de chant du village des Pruniers.

bureau et ils étaient éparpillés partout dans la pièce. L'ermitage était froid et dans un état déplorable. Après avoir fermé les fenêtres et la porte, j'ai fait un feu. Quand le feu a commencé à rougeoyer, j'ai entendu le bruit joyeux du vent et je me suis senti beaucoup mieux. Puis, pendant dix minutes, j'ai ramassé toutes les feuilles éparpillées sur le sol et je les ai mises sur la table avec une pierre dessus. Enfin, je me suis assis près du poêle. Je me sentais merveilleusement bien, l'ermitage était redevenu chaleureux et agréable.

Quand vous avez le sentiment que ce que vous vivez est terrible parce que les fenêtres de vos yeux et de vos oreilles sont ouvertes, que le vent souffle dans la maison et que vous êtes devenu une victime – c'est la pagaille dans vos sensations, votre corps et vos perceptions –, cessez de faire des efforts. Retournez dans votre ermitage, à l'intérieur de vous-même. Fermez les portes, faites un feu et créez une atmosphère accueillante. C'est ce que j'appelle prendre refuge dans l'île du soi. Si vous ne revenez pas en vous-même, vous continuez à vous perdre. Vous vous détruisez et vous détruisez votre entourage, même si vous êtes plein de bonne volonté et du désir de vous rendre utile. C'est pourquoi la pratique qui consiste à revenir dans l'île du soi est si importante. Personne ne peut vous enlever votre vraie demeure.

Suivre la voie de la paix

A partir de 1966, je n'ai plus été autorisé à rentrer au Vietnam et j'ai pratiqué le retour en moi-même. Partout où je vais, je me sens chez moi. Ne croyez pas que mon domicile est le village des Pruniers. Mon chez-moi est plus solide que le village des Pruniers, car je sais que le village des Pruniers peut nous être enlevé. A un moment donné, le hameau du bas a été fermé par les autorités françaises parce que nous n'avions pas respecté les codes de construction – nous n'avions pas assez d'argent pour construire une issue de secours en cas d'incendie, pour avoir les bonnes portes, et la cuisine n'était pas aux normes, etc. Mais nous ne souffrions pas trop, car nous avions notre vraie demeure en nous. Si on vient brûler votre maison et vous chasser, bien sûr vous souffrez, mais si vous savez que vous pouvez retrouver votre vraie demeure, vous ne perdrez pas votre foi. Vous savez que si votre vraie demeure est toujours en vous, vous pourrez construire une autre maison ailleurs. Ce n'est que si vous perdez votre refuge intérieur que vous perdez l'espoir.

Sœur Chân Không est née dans la ville de Ben Tre au sud du Vietnam. Un jour, l'armée américaine a appris qu'une douzaine de combattants communistes étaient venus y installer des dispositifs pour pilonner l'aviation. Un avion américain qui passait par là a été touché, sans être abattu. L'après-midi, de nombreux bombardiers américains sont venus détruire la ville. Leur action était motivée par la peur. Il y avait à peu près cinq cent mille soldats américains et seulement douze guérilleros communistes, mais, à cause de leur peur et de leur colère, les Américains ont détruit toute la ville. Ce n'était pas un acte intelligent, car les gens sont devenus encore plus anti-américains. Mais quand il y a tant de peur et de colère, vous perdez votre lucidité et votre intelligence. Quand on demanda au commandant en chef des opérations pourquoi ses hommes avaient détruit la ville de Ben Tre, il répondit : « Si j'ai donné l'ordre de détruire la ville, c'était pour la sauver. » C'est la logique des militaires.

Répondre à la violence avec compréhension
et compassion

Une nuit, des gens sont venus dans l'un de nos camps de travail gérés par le Service des jeunes pour le travail social. Ce n'était pas très loin de Saigon, sur les rives du Mékong. Nous y avions envoyé une dizaine de jeunes pendant plusieurs mois pour aider à reconstruire le village. Cinq de nos jeunes dormaient dans le camp. Les cinq autres étaient occupés à travailler ailleurs. Sœur Chân Không leur avait rendu visite dans l'après-midi et avait l'intention de passer la nuit dans le camp, mais elle fut appelée en ville pour une affaire urgente. Si elle y était restée, elle aurait été tuée. Cette nuit-là, des gens sont venus dans le camp pour capturer cinq de nos travailleurs. Après les avoir ligotés, ils les ont emmenés sur la rive du Mékong pour leur demander s'ils appartenaient au Service des jeunes pour le travail social. Ils ont dit oui. Puis, l'un d'entre eux a dit : « Désolé, nous devons vous tuer » et les cinq hommes ont été fusillés au bord du fleuve.

Nous avons appris par la suite que c'était une action des anticommunistes. Aucun groupe ne nous apportait son soutien car nous ne voulions prendre parti pour aucune des parties en guerre. Les communistes craignaient que nous soyons avec la CIA et les anticommunistes craignaient que nous soyons des communistes déguisés. Ils éprouvaient de la peur, mais aussi de la suspicion et de la colère. Presque tout le monde agissait sur la base de la peur, de la colère et de la suspicion – c'est la guerre de l'intérieur. Nous voulions bâtir une fraternité et suivre la voie de la paix. Nous ne voulions pas nous engager d'un côté ou de l'autre pour combattre et tuer l'autre. Nous voulions embrasser les deux parties et, pour cette raison, chaque partie nous suspectait d'être en lien avec l'autre. Les communistes sont venus nous dire : « Vous devez partir. Si vous restez, nous ne pourrons pas garantir votre sécurité. » Ils nous ont intimé l'ordre de partir car nous étions attentionnés à l'égard des paysans, nous voulions nous consacrer à notre idéal de servir et les paysans nous aimaient et nous soutenaient. Les membres de la guérilla communiste n'aimaient pas cela – ils voulaient que tout le monde soit pour eux. Ils contrôlaient la situation la nuit et les anticommunistes le jour, si bien que nous étions harcelés par les deux. Nous n'avons toutefois pas abandonné notre position non partisane, car c'était notre idéal de service de non-discrimination. Les communistes étaient nos frères et nos sœurs, et les anticommunistes étaient aussi nos frères et nos sœurs. Nous ne voulions pas tuer nos frères et nos sœurs.

L'un des cinq travailleurs sociaux a survécu. Il a été gravement blessé et les communistes l'ont laissé pour mort. Le lendemain matin, sœur Chân Không est arrivée dans sa petite voiture, elle a appris que des travailleurs avaient été enlevés du camp, puis elle a trouvé les cadavres des quatre jeunes qui avaient été tués. Elle trouva également le jeune moine qui avait reçu une balle dans le ventre, mais qui était encore vivant. Nous l'avons conduit à l'hôpital et il a survécu. Il nous raconta ce qui s'était passé.

Nous avons ensuite organisé une cérémonie à laquelle

nous avons convié de nombreuses personnes. Au cours de cette cérémonie, j'ai prononcé le discours suivant : « Chers amis, vous nous tuez parce que vous pensez que nous sommes votre ennemi, que nous essayons de vous détruire. Mais notre intention n'est pas de détruire qui que ce soit. Nous avons été formés pour aimer et pour servir. Nous ne voulons pas qu'il y ait de morts, qu'ils soient communistes, non communistes ou anticommunistes. Si vous nous aviez vraiment compris, nous et notre motivation, vous ne nous auriez pas tués de la sorte. » Nous savions qu'ils étaient là, dans la foule, en train d'écouter.

La deuxième fois où nous avons été attaqués, c'était sur le campus du Service social pour la jeunesse où nous formions les jeunes. Une nuit, des grenades ont été lancées dans le dortoir. Ils ont aussi essayé de lancer une grenade dans ma chambre, mais elle a heurté le rideau de la fenêtre et a rebondi. J'étais à Paris à l'époque, appelant à la cessation des hostilités. L'attaque a blessé plusieurs personnes et un étudiant a été tué sur le coup. Une travailleuse sociale a perdu un bras et a reçu trois cents éclats de grenade dans le corps. Elle s'appelait Bui Thi Huong. Comme sœur Chân Không, elle était de Ben Tre. Nous avons pu l'envoyer se faire soigner au Japon. A l'hôpital, au Japon, on a extrait de son corps des centaines d'éclats de grenade. C'était en fait une grenade antipersonnel, une grenade qui éclate en morceaux minuscules afin de frapper le plus grand nombre possible de personnes. Ils n'ont pas réussi à retirer tous les morceaux et une centaine d'éclats ont dû être laissés dans son corps.

J'ai un disciple qui a été soldat américain au Vietnam. Son unité a été prise dans une embuscade et la plupart de ses compagnons ont été tués ; il n'y eut que quelques survivants. Ce soldat a ensuite tué cinq enfants vietnamiens, avec des sandwichs empoisonnés, pour se venger de l'attaque de son unité. Nous l'avons invité à s'exprimer lors d'une discussion sur le Dharma. Nous lui avons offert notre pratique de l'assise et de la respiration consciente, car si vous ne pouvez pas raconter votre histoire, elle reste en vous à jamais. Nous avons pratiqué l'écoute compatissante et lui avons demandé : « Cher ami, s'il y a quelque chose dans ton cœur que tu n'as pas pu encore exprimer, dis-le maintenant – c'est le moment. » Il n'a pas dit un mot pendant deux jours. C'était très dur pour lui, mais enfin, le troisième jour, il a pu raconter son histoire. Il a beaucoup pleuré.

Ce soir-là, je l'ai invité dans ma chambre et je lui ai dit : « Bon, je sais que vous avez tué cinq enfants. Mais vous pouvez aussi sauver cinq enfants tous les jours. Il y a des enfants qui meurent partout dans le monde, y compris en Amérique, à cause de la violence, de la pauvreté et de l'oppression. Un enfant n'a peut-être besoin que d'un demi-dollar pour acheter un médicament qui pourrait lui sauver la vie, mais il meurt parce qu'il n'a pas d'argent. Vous pouvez sauver cinq enfants tous les jours. Vous êtes intelligent, cultivé, vous pouvez aller maintenant sauver des enfants qui meurent. Pourquoi vous laisseriez-vous submerger par le passé et emprisonner de telle sorte que vous ne pouvez plus vivre l'instant présent ? Dans l'instant présent, la vie est toute là, vous pouvez faire des choses pour réparer le passé car, selon cette pratique, le passé est toujours là dans l'instant présent. Si vous savez comment toucher le présent, vous pouvez guérir le passé. Allez sauver cinq enfants aujourd'hui et vous vous sentirez mieux. » C'est exactement ce qu'il a fait. Il s'est guéri par ce travail et il est devenu l'un de mes disciples [1].

Dans de nombreux camps de rééducation créés par les communistes, mes disciples ont pratiqué la méditation assise et la marche méditative. Parfois, les communistes ne nous laissaient pas pratiquer la méditation assise. Les camps de rééducation étaient semblables à des camps de travaux forcés et vous deviez consacrer tout votre temps et votre énergie à des travaux pénibles pour ne pas avoir le temps de penser à autre chose. Le soir, vous pouviez avoir du temps pour vous et pratiquer la méditation assise mais, pour beaucoup de gardes, c'était une provocation. Quand ils nous voyaient, assis et libres, ils avaient l'impression qu'on leur disait : « Je n'ai pas peur de vous, je peux être moi-même. » Ils ne voulaient pas que nous pratiquions la méditation assise car cela génère l'énergie de la solidité : vous prouvez que vous *êtes* vous-même, vous ne vous laissez pas emporter par votre peur, alors que leur but, c'est que vous ayez peur d'eux en permanence. Nous devions attendre qu'ils éteignent la lumière pour pratiquer la méditation assise. C'est ainsi que nous avons survécu. Nous avions besoin de pratiquer la respiration consciente : « Je suis chez moi, je suis arrivé. » Ce n'était pas un luxe. Si vous ne pouvez pas être vous-même, si vous ne savez pas comment gérer votre peur, votre désespoir et votre colère, vous êtes perdu ; vous ne pouvez aider personne.

---

1. Voir « Pratiques pour la paix : Le renouveau », p. 168.

Les boat people

C'est en 1978, à Singapour, lors d'une conférence sur la religion et la paix à laquelle je participais, que j'ai découvert la situation et la souffrance des réfugiés. Des boat people mouraient dans l'océan et Singapour avait une politique très dure à leur égard. Chaque fois qu'une embarcation pleine de réfugiés essayait d'accoster, ils les renvoyaient mourir en mer. Ils ne voulaient pas les aider. Les pêcheurs qui avaient de la compassion et sauvaient des boat people de la noyade étaient punis ; ils devaient payer une très lourde amende, ce qui était censé les dissuader de recommencer.

Je suis resté à Singapour afin d'organiser une opération de sauvetage en secret, parce que je savais que le gouvernement de Singapour ne me laisserait pas faire. D'autres personnes sont venues m'aider – des amis de France, des Pays-Bas et d'autres pays d'Europe. Nous avons loué un bateau et emporté des médicaments, de l'eau et des vivres en mer pour essayer de sauver des gens.

En Malaisie, la police rejetait aussi les boat people. Ils préféraient les laisser mourir en mer plutôt que de les aider à accoster et de les mettre en prison. Des amis qui s'étaient rendus sur les côtes de Malaisie ont assisté à des événements tragiques. Lors d'un incident, deux embarcations pleines de réfugiés ont tenté d'accoster et la police les a forcés à retourner en mer. C'est alors qu'une des embarcations qui n'était plus assez solide pour naviguer a chaviré. Tous les occupants de l'autre bateau ont vu les gens se noyer, aucun n'ayant pu gagner la rive à la nage. Les gens de l'autre bateau réussirent néanmoins à accoster et ils détruisirent leur embarcation pour qu'on ne puisse plus les forcer à retourner en mer. La police les mit en prison où ils attendirent qu'on leur trouve un nouveau bateau pour reprendre la mer. C'était la politique de l'époque.

Immédiatement, nos amis ont alerté la presse, persuadés que les journalistes étaient les seules personnes à pouvoir sauver les boat people. Si des journalistes apprenaient que des réfugiés étaient détenus, ils feraient des photos qu'ils publieraient dans la presse. Et le gouvernement de Malaisie n'oserait plus renvoyer les boat people en mer. C'était une façon de les sauver – une fois en prison, ils étaient en sécurité. Le Haut Commissariat pour les réfugiés (HCR) avait un bureau en Malaisie. Nous les avons invités à venir constater la situation et à noter le nom des réfugiés. Un grand nombre de ces réfugiés ont dû rester en Malaisie pendant des années sans pouvoir s'installer dans un autre pays, parce que le HCR n'a pas bien fait son travail. Nous avons découvert que de nombreux réfugiés étaient restés pendant des années sur plusieurs îles, sans aucun espoir de pouvoir s'établir quelque part.

A Singapour, nous avons dû faire des choses illégales. Nous sommes allés dans les maisons des pêcheurs pour leur dire : « Chaque fois que vous sauvez un boat people, appelez-nous. Nous viendrons le chercher et vous ne serez pas punis. » Nous leur avons donné notre numéro de téléphone et quand, de temps en temps, un pêcheur nous appelait, nous prenions un taxi pour aller récupérer ce réfugié et le conduire à l'ambassade de France.

L'ambassadeur de France à Singapour, Jacques Gasseau, était un homme de cœur. Il savait ce que nous faisions. Nous arrivions la nuit, quand l'ambassade était fermée, et nous aidions le réfugié à escalader l'enceinte de l'ambassade avec la consigne d'attendre là. Quand, le lendemain matin, le gardien venait ouvrir les grilles, il demandait : « Qui êtes-vous ? » Le boat people répondait : « Je suis un boat people. Quelqu'un m'a amené ici. » Nous demandions aux boat people de ne pas révéler notre identité. L'ambassadeur comprenait. Il appelait la police, la police venait, notait le nom de la personne et la conduisait en prison, où elle était en sécurité. Sinon, elle aurait été refoulée en mer pour y mourir. Nous avons fait beaucoup de choses illégales de la sorte.

Nous avons loué trois bateaux pour conduire des milliers de réfugiés en Australie – à Perth ou à Darwin. Nous avions tout arrangé pour qu'ils aient suffisamment d'eau, de médicaments et un peu d'argent. Quand les bateaux devaient arriver en Australie, nous avions prévu de tenir une conférence de presse et d'annoncer : « Des boat people arrivent, s'il vous plaît, ne les rejetez pas. » Voilà ce que nous faisions. Nous ne parlions pas de compassion, nous essayions juste d'agir avec compassion.

Mais, une nuit, nous avons été découverts. La police de Singapour est venue encercler notre bureau. Ils avaient identifié notre réseau clandestin. Les trois bateaux pleins de réfugiés étaient déjà en mer. Les bateaux n'avaient pas le droit de naviguer dans les eaux de Singapour ou de la Malaisie. Le gouvernement a saisi notre quatrième bateau, qui nous servait à approvisionner les boat people en eau, en nourriture et en médicaments. Nous ne pouvions pas entrer en contact avec les réfugiés, alors même que nous savions qu'ils avaient faim et qu'ils allaient mal. Il y eut aussi une grosse tempête.

J'étais assis sur la terre ferme, mais je flottais réellement sur la mer : ma vie était celle des boat people. Imaginez que vous êtes responsable de la vie de près d'un millier de personnes – trois cents sur un bateau, quatre cents sur un autre, etc. Un enfant est né sur le troisième bateau, le *Leapdal*. Nous avions des contacts avec le bateau, mais c'était très difficile. Si vous ne pratiquez pas la méditation assise et la marche méditative dans ce type de situation, vous ne pouvez pas être vous-même, vous ne pouvez pas aider et vous pouvez même en perdre la raison.

A minuit, la police est venue confisquer nos passeports et nous ordonner de quitter le pays dans les vingt-quatre heures. Comment pouvions-nous abandonner près d'un millier de boat people sous notre responsabilité ? C'était très dur. Entre une heure et cinq heures du matin, nous avons pratiqué la marche méditative pour nous retrouver nous-mêmes et trouver une solution. Finalement, à quatre heures du matin, nous avons eu l'idée de demander à Jacques Gasseau d'intervenir et de nous obtenir dix jours de plus pour terminer l'opération. A cinq heures du matin, nous avons quitté notre bureau mais il n'y avait pas de taxi et l'ambassade n'ouvrait qu'à neuf heures. Nous avons donc continué à pratiquer la marche méditative.

Nous étions à la porte de l'ambassade au moment de l'ouverture. Nous avons rencontré l'ambassadeur et ce dernier a écrit une lettre au gouvernement de Singapour lui demandant de nous autoriser à rester dix jours de plus. A onze heures, munis de cette lettre, nous avons couru jusqu'au bureau du Premier ministre qui, après en avoir pris connaissance, convoqua tous les membres du gouvernement tandis que nous attendions dehors. Finalement, ils donnèrent leur accord. Nous n'avions que quinze minutes pour nous rendre au ministère de l'Intérieur et prolonger nos visas de dix jours. Si nous n'avions pas eu une dimension spirituelle dans notre vie, nous aurions été perdus.

Le traité de paix[1]

Les personnes qui viennent faire une retraite au village des Pruniers ne viennent pas pour obtenir un soutien social ou politique. Vous pouvez avoir tendance à vouloir parler de votre souffrance et de vos difficultés afin d'attirer plus de gens pour vous soutenir dans votre combat contre l'autre partie. C'est une tentation très grande. Vous pensez qu'en étant fort et en ayant plus de gens de votre côté, l'autre partie sera obligée de se retirer. C'est l'espoir de beaucoup de monde. Mais nous savons que les activités basées sur ce genre de raisonnement ont duré des années sans produire aucun résultat.

Nous avons un autre type d'approche. C'est d'avoir un véritable processus de paix, une véritable feuille de route pour la paix, qui doit reposer sur notre force spirituelle − le genre de force qui manque à nos politiciens. Si vous apportez de la paix et de la solidité à vous-même et dans votre groupe, vous pourrez peut-être influencer votre gouvernement et, ensemble, proposer un traité qui sera accepté, car il aura été rédigé non seulement en

1. Voir « Pratiques pour la paix : Le traité de paix », p. 171.

termes politiques et militaires, mais avant tout en s'appuyant sur votre compréhension spirituelle. Si vous êtes en guerre avec vous-même, vous pouvez signer ce traité de paix avec vous-même. A moins que vous ne soyez en guerre contre votre corps. Vous ne savez pas comment prendre soin de votre corps et vous l'avez fait beaucoup souffrir. Vous avez détruit votre corps avec l'alcool, les drogues et d'autres substances. Maintenant, vous devez signer un traité avec votre corps, vos sensations et vos émotions. Vous devez apprendre à revenir en vous-même et à prendre soin de votre colère et de votre désespoir. Vous devez signer un traité de paix avec votre corps, vos sensations et vos émotions avant de trouver un peu de paix et de vous réconcilier avec votre bien-aimée. S'il y a une guerre en vous-même, il est très facile d'entrer en guerre avec n'importe qui – sans même parler de votre ennemi. Votre bien-aimée peut être votre ennemi de tous les jours. Votre façon de lui parler, de vous comporter, pleine de colère et de violence, fait de vous un ennemi. Si votre bien-aimée est votre ennemi, comment pouvez-vous espérer être en paix avec votre pays et avec l'autre partie ?

Nous avons tous des graines de sagesse en nous. Nous savons bien que la vengeance ne nous mène nulle part, pourtant nous essayons de punir quelqu'un. Quand votre bien-aimée dit ou fait quelque chose qui vous fait souffrir, vous voulez la punir, parce que vous croyez qu'en la punissant vous allez trouver un soulagement. Parfois, vous êtes lucide et vous savez que c'est totalement infantile, car si vous faites souffrir votre bien-aimée, elle va aussi essayer d'obtenir un soulagement en vous punissant à son tour, et il y aura une escalade des représailles. Si vous ne pouvez pas arrêter l'escalade entre vous et votre bien-aimée, comment pouvez-vous arrêter l'escalade avec l'autre groupe ou l'autre nation ?

Les dirigeants palestiniens et israéliens ont des graines de compréhension et de sagesse, mais ils ont aussi d'autres graines, de colère, de tentation de punir, de désespoir. Même entre nous, nous ne sommes pas d'accord. Nous sommes dans le même camp, covictimes de l'autre partie, mais nous n'arrivons pas à nous mettre d'accord. Si nous ne parvenons pas à nous réconcilier avec nous-mêmes, comment pourrions-nous nous réconcilier avec l'autre groupe ? Les Palestiniens sont divisés, de même que les Israéliens. La réconciliation doit avoir lieu en vous-même, puis avec vos proches, puis dans votre propre groupe.

En général, nous commençons par aller voir notre bien-aimée pour lui demander de changer, pour essayer de la forcer à changer. Ce n'est pas le véritable processus de paix. Le véritable processus de paix, c'est de retourner en vous-même, de vous réconcilier avec vous-même et de savoir comment faire face à vos propres difficultés : le désespoir, la suspicion, la peur, la colère. Vous pourrez ensuite passer à la deuxième étape et aider votre bien-aimée. Elle doit faire de même : revenir en elle-même et apprendre à faire face à ses émotions et, après, vous pourrez ensemble aider une troisième, une quatrième ou une cinquième personne ; tel est le véritable processus de paix.

Pouvez-vous aider ? Etes-vous suffisamment solide ? Avez-vous assez de compréhension, de solidité et de compassion ? Si vous pratiquez en tant que groupe et que vous pouvez exprimer votre sagesse, votre compréhension et votre compassion, alors vous serez un élément important du processus de paix. Vous devez soutenir ceux que vous aimez en arrosant les graines de compréhension et de compassion qui sont en eux, en les encourageant à maintenir leur sagesse et en les aidant à se réconcilier avec eux-mêmes. Vos leaders politiques se sentent peut-être très seuls et vous pouvez les aider à se sentir moins seuls. Vous pouvez leur apporter de nombreux éléments de courage, de paix, d'espoir et d'intelligence. Vous ne devez pas laisser les dirigeants israéliens et palestiniens seuls. Seuls, ils se sentent coupés et ne peuvent compter que sur leurs propres ressources. Vous devez leur apporter votre soutien et les aider à arroser leurs meilleures graines. Les graines de la compréhension et de la sagesse sont présentes en chaque être.

La communication devrait permettre de mettre un terme à la guerre. Tant que nous serons motivés par le désir de punir l'autre, il n'y aura pas de fin aux hostilités et il n'y aura pas de bonheur en moi, en vous, entre nous. Un véritable traité de paix repose sur la communication. Dans notre vie quotidienne nous sommes victimes de nos perceptions erronées – c'est pourquoi il ne faut pas être pressé d'agir. Veillons à ne pas agir sur la base de nos perceptions erronées, de notre colère et de notre désespoir. Sinon, nous gâcherons tout.

La compréhension juste

Si vous arrivez à pratiquer le traité de paix en tant que couple, peut-être pourrez-vous alors signer un traité de paix avec l'autre partie. Vous n'avez pas besoin d'être deux gouvernements. Vous devez simplement être un groupe d'Israéliens et de Palestiniens totalement dévoués à la cause de la paix. Vous aurez le soutien de beaucoup de monde et même de certains politiciens. Vous pouvez vous asseoir ensemble et rédiger un traité de paix qui sera très éducatif pour votre pays, votre gouvernement et les peuples de la Terre. Vous savez que nous serons nombreux à venir assister à votre conférence de paix pour connaître votre traité. Ne vous contentez pas de vous asseoir et d'attendre un geste de votre gouvernement. Vous devez *être* paix et réconciliation – et agir dans l'ici et maintenant. Si vous réussissez à signer un traité de paix entre vous et votre fils, votre fille ou votre compagne, et si vous vivez en respectant ce traité de paix, alors la paix est une réalité. Si vous pouvez faire la même chose en tant que groupe, votre pouvoir sera énorme. Vous serez en mesure de toucher et d'ouvrir le cœur de beaucoup de gens. Vous aurez notre soutien et le soutien de toutes les personnes qui se sentent concernées et vous souhaitent de posséder votre pays et d'être en paix les uns avec les autres.

Avant d'établir un diagnostic, un médecin examine son patient avec le plus grand soin. Il écoute avant de prescrire un traitement, sinon le traitement risque de détruire le patient. Même s'il est sûr de lui, il vérifie. Etes-vous sûr de votre perception ? Quand vous êtes victime d'une perception erronée, vous pouvez vous faire souffrir et faire souffrir ceux que vous aimez pendant des années. Les Israéliens et les Palestiniens sont peut-être victimes de leurs perceptions erronées. Nous pouvons croire que l'autre partie ne souhaite qu'une chose : notre destruction. Le fait est que tout le monde, chaque groupe, veut avoir la possibilité de vivre en paix. Tout le monde sait que si l'une des parties ne connaît pas la paix, l'autre partie ne connaît pas la paix non plus. Cette sagesse est présente en chacun de nous et c'est pourquoi il y a de l'espoir. Avec notre pratique, l'espoir va grandir et le désespoir battre en retraite, la compassion va grandir et la colère reculer. Ce n'est pas une idée abstraite, c'est très concret. Je ne parle pas en termes de théorie ou d'idéologie ; je parle de ma propre expérience de la souffrance, de la réconciliation, de la guerre et de la paix. Marcher, respirer et revenir dans l'île du soi sont des pratiques cruciales si nous voulons avoir l'espoir de survivre, si nous voulons donner une chance à la paix.

Je ne suis pas seule :
une Palestinienne nous raconte son histoire

Cela fait trois ans que je suis en fauteuil roulant. Avant, je travaillais comme entraîneur sportif et je militais pour la paix, avec mon compagnon israélien, des amis israéliens et des amis du monde entier. Le 15 mai 2001, deux soldats sont entrés chez moi et m'ont tiré dessus. Je me suis écroulée sans comprendre ce qui m'arrivait. Les deux soldats se sont approchés de moi et m'ont crié : « Levez-vous, levez-vous » en hébreu, tandis que l'un d'entre eux me frappait avec son bâton. Ils ne cessaient de crier : « Levez-vous, levez-vous. » J'ai essayé de me lever, mais c'était impossible. J'avais perdu toute sensation et tout mouvement dans les jambes. Une balle était entrée dans mon épaule droite et avait explosé dans ma colonne vertébrale après avoir traversé mes poumons. Comme l'hémorragie était interne, les soldats ont pensé que je me moquais d'eux ou que j'essayais de cacher quelque chose. Ils ne s'étaient pas rendu compte qu'ils m'avaient tiré dessus. Ma famille a alors essayé de m'aider et de m'emmener à l'hôpital, mais ils n'ont pas voulu. Je suis restée étendue par terre pendant une demi-heure à l'endroit où j'étais tombée, tout en me faisant hurler dessus par les deux soldats. Ils n'ont laissé personne venir me porter secours. J'allais mourir. Je les ai suppliés de faire preuve d'humanité et de laisser quelqu'un m'aider parce que j'allais mourir. Puis, je ne sais plus ce qui s'est passé. Je ne sais pas comment on m'a emmenée à l'hôpital. En ouvrant les yeux à l'hôpital, j'ai su que ma vie ne serait plus jamais la même.

Je ne suis pas seule, que ce soit en Palestine ou en Israël, je sais que beaucoup de gens souffrent. Quelques jours avant de venir ici, j'étais dans un centre de rééducation et tous les lits étaient occupés. Il y avait beaucoup de monde sur la liste d'attente – dont de nombreux enfants, tous très beaux. Je ne cesse de demander à tous ceux qui m'écoutent pourquoi tout cela arrive.

J'appelle tout le monde – en Europe, en Amérique et partout ailleurs – à réfléchir à la manière de nous aider, Israéliens et Palestiniens, à transformer cette situation inhumaine.

Créer une terre de paix :
un Israélien parle

Shalom, salaam. Je m'appelle Eliahu et je vis à Jérusalem. Il y a deux histoires sur cette terre sacrée. Souvent, les deux histoires sont expliquées d'une manière qui exclut l'histoire de l'autre partie. L'histoire palestinienne écarte souvent le lien entre le peuple juif et la terre d'Israël. Souvent, les Israéliens nient le fait que les Palestiniens sont aussi chez eux ici et qu'ils ont toujours habité cette terre. Je pense que nous avons pour tâche de créer une histoire partagée de nos deux peuples qui sont destinés et bénis pour vivre ensemble sur cette terre.

Quand je suis venu vivre en Israël, je ne suis pas arrivé en tant qu'occupant. Les conditions politiques au cours du dernier siècle ont permis à de nombreux Juifs de retourner en Israël. Mais quand nous arrivons, nous oublions quelque chose – qu'il y avait déjà un peuple autochtone qui vivait là : les Palestiniens. Selon l'une de ces histoires, cette terre s'appelle Palestine, et selon l'autre histoire, elle s'appelle Israël. Je pense que Dieu a choisi deux des peuples les plus butés au monde, les Arabes et les Juifs, pour vivre sur la même terre. Les Palestiniens sont là pour enseigner une leçon aux Juifs et les Juifs sont revenus pour inspirer une certaine sagesse aux Palestiniens. Sinon, les Juifs ne vont nulle part et les Palestiniens non plus. C'est notre terre et nous devons trouver un moyen de vivre ensemble en paix et en harmonie. Il se peut qu'à court terme il y ait deux Etats séparés, mais je pense que nous devons œuvrer à une vision partagée, de façon à vivre ensemble sans qu'il y ait un mur entre nous. Enfin, cette terre n'appartient ni aux Israéliens ni aux Palestiniens, elle appartient à la Terre et à Dieu. C'est une terre pour tout le monde.

Toutes les politiques d'oppression sont des manifestations des graines de peur, de haine et d'incompréhension. Elles sont la racine de tout ce qui se passe. Dans la culture islamique palestinienne, c'est ce qu'on appelle *sheitan* : le pouvoir négatif. C'est ce qui règne, et non Sharon ou Arafat. Les véritables ennemis sont la colère et la peur. Le mur construit entre les deux peuples est un symbole de cette peur. Si nous voulons faire tomber cette clôture, nous avons besoin d'extirper la peur du cœur des gens. J'ai perdu plusieurs amis lors d'attentats terroristes dans des bus en Israël. J'ai aussi beaucoup d'amis palestiniens qui ont énormément souffert. Enfin, notre vision devrait être axée sur la manière de vivre ensemble et de continuer à cultiver des graines de compassion, d'amour, de clémence et de compréhension. Dès lors que ces graines seront plantées dans nos cœurs et dans ceux des Palestiniens, une solution sera possible.

Un grand nombre de mes amis sont des colons, des soldats et des Palestiniens. Ma famille est le Hamas, la droite israélienne, nous faisons tous partie de la même famille humaine. Beaucoup d'entre nous sont malades et ont besoin de guérir. Nous sommes deux peuples blessés partageant la même terre. Si nous voulons une transformation, nous devons guérir la blessure profonde du peuple juif qui se manifeste sous forme d'oppression des Palestiniens, et nous devons guérir les blessures profondes des Palestiniens et leur apporter la justice et l'égalité. Nous sommes destinés à vivre ensemble sur la même terre, sans que personne soit contraint de partir. Je voudrais que nous ayons l'intention, Israéliens et Palestiniens, de faire un nouveau départ ensemble ici même – un renouveau de paix, d'harmonie et de compréhension. Si nous y parvenons, alors les problèmes politiques seront résolus. En rentrant à Jérusalem, je transmettrai le message que j'ai appris au village des Pruniers. Nous sommes deux peuples trop brisés et pleins de confusion et nous avons besoin de votre aide pour que la guérison, la transformation et la réconciliation soient possibles, pour que la terre dont nous venons tous ne soit plus la terre de la guerre, mais la terre de la paix, du nom de sa véritable destinée. Nous n'y arriverons pas tout seuls.

Dans notre situation, nous sommes perdus, et nos blessures seront transmises aux prochaines générations si nous ne nous en occupons pas. Nous espérons que notre pratique ici a semé des graines pour que le processus puisse continuer. Elle a le potentiel d'apporter une transformation au niveau personnel, ce qui permet ensuite une transformation de la société.

5.

Colère et réconciliation

Il était une fois une montagne où vivaient de nombreux dieux, tous très heureux. Ils n'avaient apparemment rien à faire et passaient beaucoup de temps à s'asseoir et à marcher. Il y avait une très belle crique sur cette montagne – l'eau était claire et limpide. Il suffisait de boire cette eau pour se sentir léger et libéré, sans désir ni colère. Tout au long de la crique se dressaient de nombreux cerisiers qui semblaient fleurir toute l'année, et les fleurs de cerisier tombaient à la surface de l'eau avant d'être emportées par le courant. Certaines d'entre elles voyagèrent très loin, jusque dans une ville située en contrebas de la montagne.

Dans cette ville vivait un homme qui souffrait tellement qu'il voulait mourir. Un jour, il vit un pétale de fleur de cerisier dans la rivière et décida de remonter jusqu'à sa source. Il voulait y arriver, quand bien même cela devait lui prendre des années. Après avoir marché des années, il arriva effectivement sur la montagne des dieux. Il rencontra les dieux et ces derniers l'invitèrent à venir s'asseoir à côté de la rivière pour qu'il puisse y recueillir un peu d'eau dans ses mains et la boire. Après avoir bu cette eau, il n'avait plus aucun désir, ni même celui de guérison et de transformation. Il se sentait très fatigué et ne voulait plus rien. Il voulait renoncer à tout. Il s'allongea près de la crique et plongea dans un profond sommeil. Pendant qu'il dormait, l'eau poursuivit son travail de transformation et de purification dans son corps et dans son esprit. Comme il dormait profondément, le travail de guérison et de transformation fut très facile pour lui. Il n'avait rien à faire. Il resta simplement allongé sur la crique, laissant l'eau qu'il avait bue œuvrer en lui. Plusieurs dieux s'occupèrent de lui. Ils trouvèrent deux cailloux sur la crique qui ressemblaient à des yeux de chat et, tandis que l'homme dormait sur la rive, ils remplacèrent ses yeux par les deux cailloux. Il avait maintenant de nouveaux yeux.

L'homme dormit longtemps. Au bout d'une semaine, il se réveilla, fort surpris. Il s'assit et vit le ciel et les arbres. Il ne les avait jamais vus comme ça. A son arrivée, le ciel et les arbres étaient là, mais il ne les avait pas vus, et maintenant il les voyait parce qu'il avait de nouveaux yeux. En fait, tout en lui avait changé. Il avait de nouveaux os, un nouveau cœur, de nouveaux intestins – il était totalement transformé. Il avait l'impression d'être un dieu et il n'avait plus envie de rentrer chez lui. Il dit aux dieux : « Je ne veux pas rentrer chez moi. Je veux rester avec vous. » Un dieu lui répondit : « Vous devez rentrer chez vous pour aider les autres. » Alors l'homme dit : « Si je rentre chez moi, je serai seul. Je n'y arriverai pas. C'est trop difficile. Non, je ne veux pas y retourner. » Le dieu dit alors : « Quand vous rentrerez chez vous, vous ne verrez plus exactement les choses comme vous les voyiez autrefois. Vous verrez le ciel, vous verrez les arbres, les maisons, les gens, mais pas comme avant. En arrivant ici la première fois, vous pensiez voir le ciel, les arbres, mais au bout d'une semaine, vous avez vraiment vu le ciel, vous avez vraiment vu les arbres. N'ayez pas peur de rentrer chez vous. Avec vos nouveaux yeux, vos nouveaux poumons et vos nouveaux os, vous verrez les choses différemment et vous n'aurez pas à souffrir. Et quand vous serez de retour chez vous, vous nous verrez. Nous ne sommes pas seulement sur cette montagne, nous sommes aussi avec vous là-bas. »

L'homme comprit. Il dit au revoir aux dieux, à la montagne, à la rivière et entreprit son voyage de retour. Contrairement à l'aller qui lui avait pris plusieurs années, une seule matinée lui suffit. Les dieux avaient raison. Quand il rentra chez lui, il était une nouvelle personne et la situation ne lui semblait plus aussi difficile et désespérée qu'auparavant. Il pouvait regarder avec compassion et clarté, son cœur était ouvert et il pouvait découvrir les êtres humains différemment.

Il sentit la compassion naître en lui de voir que les êtres humains étaient enfermés dans des idées, des idéologies, leur religion et leur culture, ce qui les empêchait de voir leur véritable nature humaine. Mais maintenant qu'il était un homme libre, il pouvait découvrir la nature humaine en chacun d'eux, de sorte qu'en les regardant et en les écoutant, il n'éprouvait plus ni colère ni frustration et parvenait avec son sourire à transformer leur situation. Il s'aperçut qu'il n'était pas du tout seul. Tous les dieux qu'il avait rencontrés sur la montagne étaient avec lui pour l'aider.

C'est une belle histoire, car cet homme est resté sept jours sur la montagne, laissant l'eau de la compassion faire son travail de transformation et de guérison en lui. Il ne fit rien d'autre pendant tout ce temps. Il ne pratiquait pas – il pratiquait la non-pratique. Il se laissa simplement embrasser par la montagne, la crique et les arbres, et en sortit régénéré. Il avait de nouveaux yeux, de nouvelles oreilles, de nouveaux os et un nouveau cœur. S'il était venu rechercher sur la montagne des idées et des réponses à ramener chez lui, il n'aurait pas pu rentrer chez lui empli de compassion et dénué de peur. Il n'était pas venu chercher des théories, des idéologies, des tactiques ou des stratégies. Il était venu pour se renouveler et fit en sorte que cela soit possible. Quand il rentra chez lui, il n'emporta avec lui ni enseignement, ni pratique, ni réponse. Il rentra totalement transformé.

Vous n'avez pas besoin qu'on vous dise comment changer vos relations interpersonnelles et vos relations avec le monde dans son ensemble. Dès l'instant où vos yeux et votre cœur sont transformés, vous n'avez plus besoin de quoi que ce soit. Vous n'avez besoin d'aucune technique ni d'aucune stratégie. Trouvez une crique, buvez son eau, allongez-vous et laissez-la agir.

En tant qu'êtres humains, nous sommes tous exactement pareils

Parfois, il est plus facile d'être en colère que d'exprimer sa souffrance. Les Israéliens pensent qu'ils ne sont pas des Arabes, mais qu'ils sont très semblables aux Arabes. Ils sont des êtres humains. Ils ne veulent pas mourir et veulent vivre en sécurité. Ils veulent la fraternité et la paix. Nous sommes séparés par des noms comme « bouddhiste », « chrétien », « juif », « musulman ». Quand nous entendons l'un de ces mots, nous voyons une image et nous nous sentons aliénés et non reliés. Nous avons mis en place toutes sortes de structures afin d'être séparés les uns des autres et de se faire souffrir. C'est la raison pour laquelle il est si important de découvrir la nature humaine de l'autre personne et de l'aider à découvrir la nature humaine en nous. En tant qu'êtres humains, nous sommes exactement pareils. Si vous portez de nombreuses couches de vêtements, vous empêchez les autres de vous voir en tant qu'être humain. Etre « bouddhiste » peut être un désavantage, car ce titre peut être un obstacle et les gens ne pourront peut-être pas découvrir l'être humain en vous. De même, si vous avez l'étiquette « musulman », cela peut avoir pour effet de détourner beaucoup de gens, parce que les gens sont tellement prisonniers de notions et d'images qu'ils ne peuvent se reconnaître en tant qu'êtres humains. C'est dommage. C'est pourquoi maître Lin-chi a dit que vous devez brûler tous les obstacles – prenez-les et brûlez-les[1]. C'est une vraie pratique – tout brûler pour que l'être humain puisse se révéler. C'est le travail de la paix.

En 1963, je me trouvais avec plusieurs de mes étudiants sur le campus de l'université Columbia à New York. C'était une belle matinée, le soleil brillait et nous parlions de la pratique bouddhique qui consiste à se défaire de tous les concepts. C'est alors qu'une personne qui passait devant nous s'arrêta et me regarda pendant quelques secondes avant de me demander : « Etes-vous bouddhiste ? » J'ai levé la tête et répondu : « Non. »

---

1. Maître Lin-chi était un maître zen du IXe siècle. Il a fondé sa propre école du bouddhisme chan (zen). En japonais, c'est l'école Rinzai et en vietnamien l'école Lam te.

Avais-je menti ? J'espère que mes étudiants m'ont compris à ce moment-là. Si j'avais répondu : « Oui, je suis bouddhiste », cet homme serait resté prisonnier de son idée de ce qu'est un bouddhiste et cela ne l'aurait pas aidé. « Non » était donc plus utile que « oui ». C'est le langage du zen. Quand vous faites ou dites quelque chose, c'est pour dénouer les nœuds dans l'esprit des gens, pas pour créer d'autres nœuds. C'est pourquoi le langage que nous utilisons doit viser à la libération.

Quand j'entends les Palestiniens et toute leur souffrance, je comprends leur souffrance, parce que j'ai souffert aussi. Je ne veux pas comparer leur souffrance à la mienne, mais je comprends la souffrance en tant que réalité. C'est la première noble vérité : « Il y a de la souffrance. » Bien sûr, je veux que leur souffrance prenne fin et qu'ils ne souffrent plus.

Si on devait me demander : « Nous souffrons, nous sommes des victimes. Allez-vous prendre parti pour nous ? Allez-vous être de notre côté pour vous opposer avec nous à tous ceux qui ont causé notre souffrance ? », j'aurais beaucoup de mal à répondre. Je suis avec eux, je comprends profondément leur souffrance, mais lorsqu'on me demande de lutter avec eux pour détruire ceux qu'ils considèrent comme leurs ennemis, je suis réticent, parce que je sais que c'est la méthode qu'ils ont utilisée pendant des années sans succès. Ils n'ont pas été seuls dans ce combat, ils ont eu des partisans à la fois dans le pays et en dehors, mais ce mode d'action – tenter de détruire ceux qu'ils appellent leurs « ennemis » – n'a eu aucun résultat et n'a pas amoindri leur souffrance.

Je suis réticent à dire que je suis de votre côté, que je vous soutiens de tout mon cœur et que je ferai tout ce que vous voudrez. Je ne suis pas prêt à prendre parti de la sorte. Je répondrais plutôt : « Oui, je suis prêt à prendre parti pour vous, mais êtes-vous prêt à prendre parti pour moi ? Je suis un être humain comme vous. Savez-vous quel est le parti que je prends : celui de trouver les moyens de mettre un terme à la souffrance. Je suis d'accord avec vous pour dire que quelque chose doit et devrait être fait pour mettre un terme à la souffrance. Mais je ne suis pas forcément d'accord sur d'autres aspects de votre position. Je veux agir, je veux avoir de la compassion, mais je ne veux pas agir avec colère, violence et discrimination. Si vous êtes avec moi, je serai avec vous à cent pour cent. »

Quand vous soutenez quelqu'un, vous le faites avec tout votre être. Il y a en vous de la sagesse et de la compassion. Sans cette sagesse et cette compassion, vous ne pouvez soutenir personne. Si je vous soutiens, cela ne veut pas dire que je vais vous aider à construire un mur, détruire une ville ou faire exploser une bombe dans un bus. Bien que je sois avec vous dans votre souffrance et votre désir de mettre un terme à la souffrance, je ne peux pas être avec vous dans ce genre d'actions. Je pense qu'il y a de nombreuses manières de mettre un terme à la souffrance et d'aider les soi-disant ennemis à cesser de souffrir également. Pour moi, il y a un chemin qui est assez clair. Si l'on garde en soi les poisons que sont le désespoir, la colère et la violence, nous continuerons de souffrir et toute action que nous entreprendrons ne sera bénéfique pour personne.

C'est pourquoi il est si important d'aller sur la montagne, de vous allonger et de laisser l'eau de la compassion vous transformer et vous libérer de ces poisons. Je ne suis pas là sur la montagne pour demander aux dieux de se joindre à moi pour combattre mes ennemis. Je suis là pour laisser les dieux m'aider à me défaire des poisons que sont la violence, la peur, le désespoir et la colère. Et je sais qu'en rentrant chez moi, je serai une nouvelle personne capable d'aider beaucoup de monde, parce que j'aurai fait grandir en moi les éléments de la compréhension, de la compassion, de la sérénité et de la solidité.

L'injustice est présente de part et d'autre. Les Palestiniens ont beaucoup souffert. Et quand les Israéliens viennent nous raconter leur souffrance, nous voyons qu'ils ont aussi beaucoup souffert. Ce genre de compréhension est cruciale. Dès lors que la compréhension et la compassion naissent dans notre cœur, les poisons de la colère, de la discrimination, de la haine et du désespoir sont transformés. C'est pourquoi la seule réponse est de se défaire de ces poisons et de laisser éclore la vision profonde et la compassion. Nous pourrons alors nous découvrir les uns les autres en tant qu'êtres humains sans nous laisser tromper par des couches extérieures comme « bouddhiste », « musulman », « juif », « pro-américain », « pro-arabe », etc. C'est le processus qui consiste à nous libérer de notre ignorance, de nos idées, de nos notions et de notre tendance à discriminer. Si je vous vois en tant qu'être humain qui souffre beaucoup, je n'aurai pas le courage de vous tuer. Je vous demanderai de venir œuvrer avec moi pour que nous ayons une chance de vivre ensemble en paix. La Terre est si belle et il y a suffisamment de place pour tout le monde, pourtant nous nous entretuons. Quel dommage !

Différents types de pouvoir

Dans le cas d'Israël et de la Palestine, on peut avoir le sentiment que la situation est intenable et que les deux parties sont inégales, dans la mesure où Israël a plus de pouvoir politique, d'armes nucléaires et le soutien des Etats-Unis. On peut être trompé par les apparences. Pendant la guerre du Vietnam, tout le monde voyait l'Amérique comme la grande puissance et les Vietnamiens comme un petit pays sans armes, sans technologie ni tout l'argent dont disposaient les Américains. Mais les Américains ont finalement dû se retirer du Vietnam. Nous ne devrions jamais être si sûrs. Supposons que les Palestiniens soient plus unis, qu'ils se parlent avec respect, qu'ils communiquent entre eux à la perfection, qu'ils vivent en harmonie et se traitent comme des frères et des sœurs d'une même communauté. Ils pourraient alors produire le genre de vision profonde capable de les aider à devenir très forts, afin de se protéger eux-mêmes, de créer leur propre pays et d'avoir le soutien du monde entier dans leurs efforts pour disposer de leur pays, de leur territoire et de leur souveraineté. Je ne pense pas que vous ayez besoin d'être une grande puissance pour y parvenir. Vous avez besoin d'être intelligent, en paix et en harmonie. Il y a des choses à faire à l'intérieur. Ne croyez pas que tout va bien à l'intérieur et que vous avez maintenant des choses à faire à l'extérieur. C'est une grave erreur. Revenir en soi-même, en réarrangeant les choses de telle sorte qu'il y ait de l'harmonie et de la paix à l'intérieur, nous donne beaucoup de pouvoir. Ce pouvoir ne peut être mesuré en termes d'armes, de technologies et de soldats.

Imaginez une famille de dix personnes. Si deux frères se font la guerre, que vont penser et faire les autres membres de la famille ? Les deux frères sont vraiment en colère, ils pourraient même se tuer tant leur colère est grande. Vous ne pouvez pas rester là sans rien faire et laisser vos deux frères s'entretuer. Vous savez qu'une personne au moins pourrait mourir. Si un membre de votre famille est tué, vous souffrez en tant que famille. Mais les deux frères sont faits l'un de l'autre, ils n'ont pas cette lucidité, ils sont emportés par leur colère et leur désir de se faire souffrir et de se tuer.

Supposons qu'un autre membre de la famille essaie de prendre parti, d'être avec un frère contre l'autre, alors un autre membre de la famille prendra parti pour l'autre frère. En observant ce qui se passe de l'extérieur, nous voyons que ce n'est pas une bonne chose de prendre parti pour un frère au détriment de l'autre. Je pense que des personnes intelligentes viendront séparer les deux frères et les empêcher de se battre. Elles pourront alors ressentir leur résistance – ils veulent qu'on les laisse libres de s'entretuer.

Que fait la communauté internationale dans cette situation ? Apparemment rien. Elle semble tout laisser entre les mains des Etats-Unis d'Amérique. L'Amérique est un grand frère dans la famille humaine. Elle a tendance à tout faire par elle-même et à ne pas laisser les autres membres de la famille apporter leur aide. Elle veut s'occuper de l'Irak toute seule, elle veut s'occuper du Proche-Orient toute seule. Je pense que les Nations unies doivent se rassembler en tant que famille de nations pour discuter de la manière de mettre un terme à la violence au Proche-Orient immédiatement.

Les Nations unies pourraient envoyer des troupes de

plusieurs pays pour jouer un rôle de maintien de la paix et interdire les combats. C'est urgent. Cela cause un réel désespoir aux autres membres de la famille d'assister à tout cela, de ne rien faire et de laisser un seul pays s'occuper de tout. Quand quelque chose va mal dans la famille, toute la famille doit pouvoir apporter son aide. C'est pourquoi nos frères et sœurs du Proche-Orient doivent laisser toute la famille humaine venir les aider. Ils ne doivent pas résister à ce mouvement. Les Américains et les autres doivent s'éveiller à cette réalité.

Les Nations unies pourraient convoquer une assemblée générale et faire voter une résolution demandant à ce que les problèmes en Irak et au Proche-Orient soient pris en charge par la communauté de toutes les nations. Le Conseil de sécurité pourrait se réunir jour et nuit afin de décider de la manière de mettre fin immédiatement aux atrocités au Proche-Orient – il y a toutes sortes de moyens pour y parvenir. Ma vision profonde est que nous devrions apporter notre soutien aux Nations unies pour qu'elles deviennent une véritable organisation de maintien de la paix. Telle qu'elle existe aujourd'hui, elle n'a ni l'autorité ni les moyens de le faire.

Nous sommes nombreux à souffrir d'un sentiment d'impuissance. Nous avons l'impression d'être impuissants à faire cesser les atrocités au Proche-Orient, comme si nos pays n'avaient aucun rôle à jouer, même s'ils sont représentés aux Nations unies. En tant que citoyens, nous devons faire entendre nos voix. Que vous soyez juif ou musulman, bouddhiste ou chrétien, vous devez affirmer que nous devons nous comporter en tant que famille et laisser la famille prendre soin de nous.

Le véritable ennemi

Vous aurez peut-être remarqué que je n'ai pas utilisé une seule fois le mot « pardon » dans ce livre. Je pense que tout le monde est victime. Si vous n'êtes pas victime de ceci, vous êtes victime de cela. Par exemple, s'il y a de la colère et du désespoir en vous, vous êtes victime de votre colère et de votre désespoir et vous souffrez très profondément. Eriger un mur de séparation ou larguer une bombe peut vous faire souffrir, certes, mais avoir de la colère et du désespoir vous fait aussi souffrir – peut-être plus encore. Nous pouvons être victimes des autres mais aussi de nous-mêmes. Nous avons tendance à croire que notre ennemi est à l'extérieur de nous-mêmes, mais très souvent nous sommes notre pire ennemi avec ce que nous faisons subir à notre corps et à notre esprit. Certaines personnes se trouvent dans des situations très difficiles, mais comme elles ne sont pas victimes de leur désespoir et de leur colère, elles ne souffrent pas autant que celles qui vivent la même situation en étant pleines de désespoir et de colère. Elles sont lucides et peuvent faire quelque chose pour changer la situation.

Les membres du gouvernement sont aussi des victimes – de leur propre colère, de leur frustration et de leur idée sur la manière de parvenir à la paix et à la sécurité. Ils sont victimes de leur idée selon laquelle le fait de se venger va forcer l'autre partie à cesser la violence. Ils continuent de croire que la violence et la vengeance sont le type d'actions nécessaires pour empêcher l'autre partie de continuer à résister. C'est pourquoi il faut les aider à se défaire des obstacles dans leur esprit, car cela aide tout le monde en même temps. Je propose que nous regardions les choses en profondeur afin d'identifier notre véritable ennemi. Pour moi, notre véritable ennemi est notre façon de penser – notre colère et notre désespoir.

Les Israéliens comme les Palestiniens sont des victimes de ces idées et de ces émotions, de même que leurs gouvernements sont des victimes. La pratique recommandée au village des Pruniers n'est pas de détruire l'être humain, mais de détruire le véritable ennemi qui est à l'intérieur de l'être humain. Si vous voulez aider quelqu'un qui a la tuberculose, vous tuez la bactérie, pas la personne. Nous sommes tous victimes de bactéries appelées « violence » et « perceptions erronées ». Au village des Pruniers, nous avons l'occasion de nous asseoir ensemble, d'identifier le véritable ennemi et de discuter de la manière de nous en débarrasser. Si vous êtes plein de colère, de peur et de désespoir, vous n'êtes pas lucide ni calme, ni en mesure de prendre les décisions qui conduiront à la paix véritable.

En 1966, j'ai donné une série de conférences en Amérique pour essayer d'expliquer aux Américains la souffrance au Vietnam. Un jour, alors que je m'adressais à une foule nombreuse à New York, un jeune Américain s'est levé et m'a crié : « Que faites-vous ici ? Vous devriez être au Vietnam en train de combattre les impérialistes américains. » Dans son esprit, il voulait que les Américains soient vaincus par les Vietnamiens. Il voulait que je prenne une arme et que je tue des soldats américains. Mais, à mes yeux, les soldats américains étaient aussi des victimes. Le véritable ennemi n'était pas les soldats américains, mais la politique de Washington. J'ai souri au jeune homme qui était très en colère et je lui ai dit : « Voyez-vous, je pense que la racine de la guerre est ici même, à Washington, et c'est pourquoi je suis là. »

S'il y a bien une chose que je peux vous inviter à faire, c'est de pratiquer le regard profond et de reconnaître votre véritable ennemi. Cet ennemi n'est pas une personne. Cet ennemi est une façon de penser qui a causé beaucoup de souffrance à tout le monde. Nous pouvons donc nous asseoir, rester calmes et faire une seule chose : identifier le véritable ennemi et voir comment nous en défaire.

Mon frère ne parle pas :
histoire d'une Israélienne

Je ne suis pas là pour représenter le gouvernement de Sharon. Je suis là en tant que mère, grand-mère, fille et sœur de mes frères. La première fois que j'ai raconté l'histoire de ma famille, c'était ici, au village des Pruniers. L'histoire de ma famille est liée à l'histoire du conflit entre les Juifs et les Arabes en Israël depuis bientôt soixante-dix ans. En 1921 et 1929, il y a eu des émeutes et des pogroms à Hébron et à Jérusalem. Le grand magasin que mon père tenait a été complètement incendié et pratiquement tous nos biens ont été détruits. En 1936, mon beau-frère, qui était membre du Haganah, les forces de défense israéliennes, est mort, laissant ma sœur avec leurs deux enfants sans soutien − ce fut très difficile. Au cours de la guerre de 1948, j'ai perdu ma mère et deux frères en l'espace de cinq mois. L'un de mes frères a laissé un bébé et ce bébé a par la suite été blessé au cours de la guerre de 1967. En 1983, une chose effroyable, la plus difficile que nous ayons eu à vivre, nous est arrivée. Au cours de cette guerre terrible, l'un de mes cousins a été envoyé comme soldat sur une opération militaire qui a mon avis n'était pas juste, et il est mort – de froid.

Ces dernières années, quand mes petits-enfants partent faire leur service militaire, c'est très pénible pour moi. Mon plus jeune petit-fils est allé dire aux autorités militaires : « Je veux bien faire n'importe quoi, mais je ne veux pas porter d'arme. Je ne veux pas avoir d'arme entre les mains. » Il est rentré à la maison en uniforme, mais humilié et très blessé. Il avait toujours beaucoup d'amis à l'armée, mais ils l'avaient renvoyé à la maison. Ils n'avaient pas voulu de lui, ni lui donner d'autre fonction parce qu'il refusait de porter une arme. Un jour, j'étais avec plusieurs de ses amis. C'était très difficile pour eux. J'ai appris que l'un de ses amis s'était suicidé pendant son service militaire. J'ai dit à mon petit-fils : « Je suis fière de toi, ne te sens pas humilié. Tu as été assez courageux pour dire que tu n'allais pas porter d'arme. Ce n'est pas juste qu'ils t'aient renvoyé, mais tu t'es protégé et tu as aussi défendu les autres. Tu es digne de respect. Merci. »

Quand mon petit-fils est rentré à la maison humilié, sa plus jeune sœur est rentrée de l'école et lui a écrit ce poème :

Mon frère est rentré de l'armée sans parler.
Vous lui posez une question et il reste silencieux,
Vous le prenez dans vos bras et il reste silencieux,
Vous l'embrassez et il reste silencieux,
Vous lui offrez le silence et il se met à pleurer.

6.

La paix est possible

J'avais seize ans quand je suis devenu moine novice. Je savais que je voulais devenir moine plus tôt mais mes parents n'y étaient pas favorables. J'ai passé quatre ans à les convaincre. J'ai été très gentil, très obéissant et, finalement, j'ai obtenu leur permission.

Je voulais être moine parce que je pensais que la pratique de la méditation et le bouddhisme allaient m'apporter la paix, m'aider à transformer ma souffrance et aussi aider mon pays. Le Vietnam était alors sous occupation française. Il y avait un gouvernement vietnamien, mais sans réel pouvoir. Le gouvernement français détenait tous les pouvoirs, au Nord, au Centre et au Sud.

J'avais appris qu'au cours de l'histoire du Vietnam, le bouddhisme avait contribué à vaincre les invasions chinoises. Les Chinois ont envahi le pays plusieurs fois et le bouddhisme a aidé à construire le pays, à unifier le peuple et à chasser les envahisseurs du Nord. Au cours des XIIᵉ et XIIIᵉ siècles, le bouddhisme était pratiqué de manière très profonde au Vietnam et un roi est devenu moine bouddhiste. Tous les membres du gouvernement prirent les cinq entraînements à la pleine conscience et les gens du peuple pratiquaient aussi les entraînements

– ils n'étaient pas divisés –, et c'est ainsi qu'ils l'emportèrent sur les Mongols qui étaient pourtant très forts. Les Mongols ont occupé la Chine et d'autres pays, y compris en Europe, mais ils ont été mis en déroute au Vietnam. Quand les Chinois sont arrivés et qu'ils ont occupé le pays pendant des années, nous avons pu gagner notre indépendance parce que nous étions unis.

A l'époque où je suis devenu moine, il y avait beaucoup de répression politique, d'injustice sociale et de corruption au Vietnam. Le gouvernement utilisait des personnes corrompues pour contrôler les villages. J'étais jeune et je pensais que le bouddhisme pouvait faire quelque chose. Mais quand j'ai pris les vœux de novice, je me suis rendu compte que le bouddhisme était très vieux jeu. Cela faisait longtemps qu'il n'avait pas été renouvelé et les hauts responsables n'étaient pas prêts à apporter le genre de pratiques et de réponses qui auraient pu satisfaire nos besoins personnels et sociaux.

La voix de la marée montante

Je voulais que le bouddhisme nous aide à nous libérer et à nous unir, mais les enseignements ne nous offraient pas de pratiques spécifiques pour être en harmonie, forts et capables de nous libérer des Français et d'abolir l'injustice sociale. J'avais le sentiment qu'il fallait renouveler le bouddhisme pour qu'il puisse aider les gens. Je pense que c'est vrai aussi du christianisme, du judaïsme et de l'islam. Si ces religions ne sont pas renouvelées, elles ne vous apporteront pas une pratique concrète capable de vous unir et de vous aider à abolir l'injustice sociale et la guerre.

J'étais une sorte de moine révolutionnaire, mais pas un fauteur de troubles pour autant. La première chose que nous avons faite a été de publier un bulletin d'informations de l'Institut bouddhique pour exprimer nos idées sur les aspects qu'il nous semblait nécessaire de renouveler dans l'enseignement et la pratique du bouddhisme – persuadés que le bouddhisme pouvait apporter des réponses à nos problèmes d'ordre social, familial et politique. A l'époque, il n'y avait pas de photocopies et nous n'avions même pas de ronéo. Chaque étudiant écrivait un article et nous reliions ensuite les articles pour en faire un bulletin. Le titre du magazine était *La voix de la marée montante*. Nous voulions être cette marée montante – nous étions très ambitieux. Le bulletin passait de main en main et tout le monde à l'Institut le lisait. Les lecteurs étaient très excités car ils y trouvaient des idées nouvelles et stimulantes. Certains de nos maîtres appréciaient la revue, mais d'autres maîtres, nous trouvant dangereux, l'interdirent.

Finalement, voyant que l'Institut était difficile à changer, quatre d'entre nous ont décidé de le quitter. Nous avons laissé derrière nous une lettre pour demander que le mode d'enseignement et de pratique soit réformé et renouvelé. Notre départ fut comme une cloche de pleine conscience pour dire que si l'on ne tenait pas compte de nos demandes, les autres étudiants de l'Institut risquaient aussi de partir. Nous voulions créer une nouvelle communauté où nous pourrions étudier, enseigner et pratiquer le bouddhisme comme il nous semblait utile de le faire.

L'Institut réagit très fortement. Ils savaient que nous voulions commencer quelque chose de nouveau et, comme nous étions moines, que nous devions trouver refuge dans un temple. Trois jours après notre départ, l'Institut a envoyé une lettre à tous les temples pour leur demander de ne pas nous accueillir. Nous n'étions que quatre jeunes moines et l'Institut était très puissant. C'était très difficile. Nous n'avions pas d'argent mais nous avions une sœur dans le Dharma qui vivait dans le Sud, et nous nous sommes installés chez elle. Puis des amis nous ont rejoints pour nous aider à construire un petit temple à la campagne pour pratiquer. Nous étions pleins d'énergie et de bonne volonté. Nous ne recherchions ni l'argent, ni le pouvoir, ni la célébrité, mais un genre de bouddhisme capable de nous aider à changer la société.

Cinq ans plus tard, je suis retourné à l'Institut. Entretemps, j'avais publié plusieurs livres et magazines sur l'actualisation et le renouvellement du bouddhisme dans le domaine de l'économie, de l'éducation, de la politique et des sciences humaines. Nous avions aussi créé une communauté. Au bout d'un an, l'Institut a commencé à changer, parce qu'il avait compris la nécessité de changer, faute de quoi les autres moines allaient quitter l'Institut et se joindre à nous. Il proposa alors des cours de philosophie, de religion comparée et de sciences. Nos maîtres à l'Institut parlaient de paix, de compassion, de non-soi et du bonheur des êtres vivants, mais la plupart d'entre eux ne faisaient rien. Ils avaient un gros ego. Ils parlaient d'aider la société, mais ils ne faisaient rien pour aider les pauvres et les opprimés – pas d'action concrète, uniquement des enseignements et des paroles. A ce moment-là, de nombreux jeunes Vietnamiens ont rejoint les communistes et d'autres partis politiques comme le Kuomintang. Il y avait des douzaines de partis politiques qui essayaient d'organiser la lutte contre les Français pour qu'ils quittent le pays, d'établir la justice sociale et de lutter contre la pauvreté et l'ignorance. Quand vous êtes jeune, vous voulez faire quelque chose pour votre pays.

La violence n'est pas notre solution

A un moment donné, j'ai été tenté de rejoindre le Parti communiste parce que j'avais remarqué que les moines ne faisaient que parler, tandis que les communistes faisaient beaucoup d'efforts et qu'ils étaient nombreux à mourir sur le champ de bataille. Naturellement, ils étaient respectés et on avait envie de se joindre à eux. Ils essayaient de faire ce en quoi ils croyaient. Mais j'ai eu la chance d'avoir des aînés qui m'ont enseigné que la violence n'est pas la voie. C'est pourquoi, en définitive, je n'ai pas rejoint le Parti communiste.

Beaucoup de gens de mon âge ont rejoint ces partis politiques avec leur cœur. Ils étaient déterminés à faire quelque chose pour leur peuple et leur pays et ils avaient vraiment l'esprit du débutant, pur et plein de fraîcheur. Mais au bout de quelques années passées dans le parti, ils ont changé, car chaque parti avait sa propre structure et voulait éliminer les autres. Quand vous êtes dans un parti politique, vous devez obéir à ses ordres. Le parti peut exiger de vous telle ou telle chose. Si le parti vous demande de tuer quelqu'un, vous devez le tuer, même si c'est votre frère. Les communistes voulaient décimer le Kuomintang et des frères se sont entretués. Ils étaient du même pays, du même peuple, avec le même idéal de service, mais leurs mains étaient tachées du sang de leurs propres frères. J'ai vraiment compris que ma voie n'était pas celle de la violence.

La machine de guerre était horrible. Une fois engagé dedans, vous deviez détruire la vie des autres. C'est pourquoi j'ai exhorté les jeunes à ne pas rejoindre la révolution violente. Cela ne veut pas dire que vous devez rester assis sans rien faire – vous pouvez faire beaucoup de choses utiles. La pratique bouddhique peut aider si elle est renouvelée. Il en est de même pour le christianisme, l'islam ou le judaïsme. La pratique devrait nous aider à être plus pacifiques et à nous défaire de notre colère, de notre suspicion et de notre peur, sans quoi nous ne pourrons rien accomplir. C'est la pratique qui peut nous aider à être ensemble en tant que groupe, sans suspicion mais en nous traitant les uns les autres comme des frères et des sœurs. Ce n'est qu'ainsi que vous réussirez votre révolution. Je vois des groupes pleins de bonne volonté, d'accord sur tout intellectuellement, mais qui ne durent pas longtemps parce qu'ils sont divisés. Il y a beaucoup de colère en eux et c'est la raison pour laquelle ils ne peuvent pas fonctionner en tant que groupe ou Sangha. Même si, individuellement, ils sont pleins de talents, lorsqu'ils fonctionnent en tant que groupe, ils ne sont pas forts parce que leurs idées et leurs façons de faire sont trop différentes. C'est pourquoi ils ne sont encore arrivés à rien.

Si vous êtes un groupe d'Israéliens et de Palestiniens et que vous ne connaissez pas la pratique, vous restez divisés. Vous avez besoin d'un certain type de pratique pour former un véritable groupe de frères et sœurs. J'ai la conviction que la pratique du village des Pruniers peut vous aider à transformer votre groupe. Nous ne parlons pas de théorie, nous parlons d'une pratique qui est efficace. S'il y a de l'harmonie, de la fraternité et de la compréhension mutuelle, vous deviendrez un instrument merveilleux pour la paix et l'indépendance. Si vous restez profondément divisés, vous n'irez nulle part. C'est ainsi.

Je sais que, parmi vous, nombreux sont ceux et celles qui sont prêts à mourir pour la cause de votre peuple. Vous savez que mourir et tuer est une chose que vous pouvez faire. Ils ont détruit votre maison, ils ont érigé une clôture qui vous sépare de vos terres, ils vous encerclent et ne vous laissent pas libres de vos mouvements, et vous avez vu votre frère, votre sœur, votre tante et votre mère se faire tuer. Vous êtes frustrés et désespérés. Vous voulez utiliser votre vie pour faire quelque chose, vous voulez vous venger. Vous savez que vous allez mourir avec votre bombe et que vous allez causer la mort d'innocents, dont des enfants. Vous l'avez déjà fait plusieurs fois. Ils l'ont fait avec des tanks, des fusils, des bombardiers, des avions et des missiles ; vous l'avez fait avec de petites bombes fixées sur vous-mêmes.

Ils ont peur de mourir et vous ne voulez pas mourir non plus. Mais le désir le plus profond de vivre, d'être libre et en sécurité ne s'est pas encore réalisé. Vous continuez à punir l'autre à cause de la peur, de la colère et du désespoir qui sont en vous. Si vous savez comment organiser un groupe pacifique, même si c'est un petit groupe, alors vous aurez la paix dans votre pays et dans votre peuple, et les actions que vous entreprendrez pourront être entièrement non violentes.

La paix en soi, la paix en marche

Une voie de résistance non violente

Supposons qu'un groupe de Palestiniens décide de se réunir pour organiser une grève de la faim dans un endroit en vue comme New York ou Paris. Ce sera difficile parce que, pour la plupart d'entre vous, vous n'avez ni le droit ni les moyens de voyager. Vous avez besoin d'un soutien extérieur et d'aide pour réaliser votre plan. Vous pourriez dire : « Nous allons faire une grève de la faim jusqu'à ce que nous obtenions un pays pour notre peuple et, s'il le faut, nous mourrons à New York sur les marches du palais des Nations unies. » Beaucoup d'entre vous sont morts – des centaines, des milliers, des dizaines de milliers. Vous avez juste besoin d'une centaine de personnes pour participer à un combat non violent, mas vous n'êtes pas prêts à le faire. Etes-vous capables de vous rendre à New York en formant un groupe où tout le monde parle le même genre de langage et accomplit le même genre d'action ? Si vous formez un tel groupe, vous aurez des millions de gens dans le monde pour vous soutenir. Ils vous aideraient à organiser cette grève de la faim sur les marches du palais des Nations unies. Des médecins viendraient veiller sur vous ; des gens viendraient vous apporter à boire et beaucoup d'autres viendraient s'asseoir avec vous pour vous manifester leur soutien.

Puis, un groupe d'une centaine d'Israéliens pourraient s'organiser et venir s'asseoir à côté de vous – non pas pour protester mais pour faire une grève de la faim et soutenir le groupe palestinien : « Nous voulons les soutenir et les aider à disposer de leur propre pays. Nous voulons que notre gouvernement cesse de les bombarder et d'occuper leurs terres. » Les Palestiniens doivent être très clairs sur la voie de résistance non violente qu'ils choisissent. Ils doivent renoncer à la violence et appeler leur peuple à mettre un terme à tout acte de violence. M. Arafat ne peut pas le faire car son propre peuple ne l'écoute pas. Il sait que chaque fois qu'un acte de violence est commis, l'autre partie est en colère et cherche à se venger. Les gens sont tellement en colère qu'ils n'écoutent plus leur chef. Si vous êtes divisés, vous ne pourrez pas agir efficacement pour votre peuple et votre pays. C'est pourquoi la dimension spirituelle est indispensable. Vous devez restaurer l'unité, l'harmonie et la fraternité entre vous. C'est crucial pour le succès d'une révolution.

Au sein de votre groupe, il doit y avoir cinq ou dix personnes capables de très bien expliquer votre position. Vous pouvez dire : « Désormais, nous cessons tout acte de violence. Nous voulons la paix. Nous sommes engagés à ne plus utiliser la violence. Il n'y a plus aucune raison de nous bombarder et de nous tuer. Autrefois, ils avaient l'excuse des attentats pour nous punir. Notre peuple ne veut plus de violence. Nous avons mis fin à tout acte de violence et nous représentons notre peuple ici. Nous voulons une solution pacifique et un pays pour y vivre. Les Nations unies et le monde devraient satisfaire notre demande. »

Les Israéliens peuvent pratiquer de même. Ils peuvent demander à leur gouvernement de cesser toute violence contre les Palestiniens et aux Nations unies de se réunir en session extraordinaire pour débattre de la situation. Peut-être ne se passera-t-il pas grand-chose dans les vingt ou trente jours qui suivent, mais si ceux qui font la grève de la faim continuent à montrer leur détermination, je suis sûr qu'ils prendront une décision. Vous aiderez le monde à s'éveiller et vous obligerez les Nations unies et les autres pays à agir.

Nous devons faire preuve d'intelligence. Nous avons besoin d'une stratégie fondée sur la compréhension, la compassion et la non-violence. Si vous pensez que vous n'aurez pas assez de soutien des autres pays, vous vous trompez. Beaucoup de pays aimeraient vous aider. Les Israéliens aussi doivent agir pour mettre un terme à la violence. Les deux parties ont beaucoup de peur, de désespoir, de discrimination et de colère, qui sont nos véritables ennemis. Au village des Pruniers, nous nous rappelons mutuellement que nos véritables ennemis ne sont pas les êtres humains – c'est la division, la haine, la suspicion, la colère et le désespoir. Et à mesure que nous les reconnaissons et les identifions, nous essayons de les transformer et de nous en déprendre, en nous et chez les autres. L'enseignement et la pratique sont très clairs.

Si vous prenez le temps de vous asseoir et de discuter de ces idées et de ces visions profondes, vous aurez une voie d'action et de compréhension. Vous devez vous préparer à ce genre d'action pendant au moins un an. Poursuivez votre pratique afin de ne pas vous laisser emporter par votre colère et votre haine et d'œuvrer avec les autres en harmonie. Si vous êtes une centaine à vous réunir, à penser, à agir et à parler à l'unisson, vous êtes prêts à commencer. Vous agirez pour votre pays, pour votre peuple et pour nous tous.

Si vous êtes unis en tant que peuple et en harmonie les uns avec les autres, vous aurez plus de succès. Si vous restez divisés et pleins de colère, vous n'arriverez pas à grand-chose. Il en est de même pour nos amis israéliens.

La paix est possible

Si vous voulez vivre en paix, si vous voulez que vos dirigeants aillent dans la direction de la réconciliation, si vous voulez aider vos frères et sœurs palestiniens, vous devez faire de même. Vous devez former un groupe où règnent la paix, la fraternité et l'harmonie.

Les cinq entraînements à la pleine conscience [1]

L'une des pratiques les plus utiles que je puisse vous offrir est celle des cinq entraînements à la pleine conscience. Les cinq entraînements vous aident à réorganiser votre vie de telle sorte que vous ne soyez plus la victime de votre colère, de votre division et de votre haine.

Le premier entraînement consiste à protéger la vie – notre vie et celle des autres.

Le deuxième entraînement, c'est être généreux et consommer moins de manière à pouvoir aider ceux qui sont dans le besoin.

Le troisième entraînement, c'est la pratique d'une conduite sexuelle appropriée. Une conduite sexuelle inappropriée détruit notre famille, nous fait souffrir et fait souffrir nos enfants.

Le quatrième entraînement est de savoir écouter l'autre sans se mettre en colère – écouter profondément, avec compassion – et parler de telle sorte que l'autre puisse vous entendre.

Le cinquième entraînement concerne la consommation. Nous devons consommer un peu moins, et uni-

1. Voir « Pratiques pour la paix : Les cinq entraînements à la pleine conscience », p. 182.

quement des bonnes choses. Ce que nous mangeons et buvons peut détruire notre corps et contenir de nombreuses toxines – ces toxines vont affecter notre esprit. Nous nous abstenons de regarder des émissions de télévision et de lire des magazines et des livres qui vont arroser les graines de violence, de haine, de désir et de peur dans notre esprit. Nous aidons aussi nos enfants à se protéger, car ils consomment beaucoup de poisons tous les jours, sous forme de désir, de colère, de violence et de peur.

La pratique des cinq entraînements est cruciale pour former un groupe qui sera un instrument de paix. Si vous essayez de bâtir une communauté de paix sans les cinq entraînements, je doute que vous y parveniez. Je suis certain qu'il y a l'équivalent des cinq entraînements dans votre tradition. Identifiez-les et mettez-les en pratique.

Nous devons compter sur nous-mêmes et pas trop sur les autres ; ils sont trop occupés. Je propose que vous formiez un groupe mixte qui se réunira pendant un an afin de bâtir une communauté qui accepte de vivre ensemble en tant que frères et sœurs sur la même terre. Un an est le minimum requis pour travailler ensemble et préparer une action non violente. Toute l'année sera consacrée à mettre ce groupe en place, qui parlera le même type de langage et sera dédié à la pratique de la non-violence.

J'aimerais beaucoup que vous organisiez votre groupe. Vous avez besoin de beaucoup de force spirituelle afin de créer un tel groupe en peu de temps – un groupe capable d'organiser une conférence de paix et de signer un traité de paix. Si vous êtes vraiment motivés par le désir de servir votre peuple, c'est la voie à suivre. Je vous le dis avec mon cœur, la non-violence est la seule voie. Vous gagnerez le cœur d'un grand nombre de personnes dans le monde avec des actions non violentes. Abandonnez la violence et vous réussirez. Les leaders politiques en Palestine et en Israël ont ce genre de sagesse, mais ce n'est encore qu'une graine. Nous n'avons pas suffisamment arrosé cette graine pour que cette sagesse se traduise en actes. Les leaders palestiniens ont demandé plusieurs fois à leur peuple de s'abstenir de toute action violente. Mais les gens n'y arrivent pas car il y a trop de colère et de désespoir en eux. Les Israéliens sont aussi en colère et désespérés. Les deux parties vivent le même genre de souffrance.

Pour moi, la voie à suivre est assez claire. Si vous voulez vivre une vie belle et pleine de sens, je suis certain que vous y arriverez. Vivre pour la compassion, la compréhension et la non-violence, c'est très beau. C'est la voie que j'ai prise et je n'y ai jamais renoncé. Si j'étais dans votre situation, je suivrais aussi cette voie. J'ai appris cette leçon dans mon pays. Des centaines de milliers de gens sont morts dans la frustration, parce qu'ils avaient choisi la voie de la violence. Frères et sœurs se sont entretués et je ne veux pas que vous viviez la même chose.

La paix est possible. Il ne s'agit pas de vagues paroles, mais d'action concrète. Cette action, c'est pour nous-mêmes et pour tout le monde en même temps. C'est le processus de transformation, de guérison et de paix. La puissance spirituelle d'une telle action peut changer le monde.

Au Vietnam, nous avons organisé une action non violente et renversé un gouvernement, sans recourir aux armes. Nous devons compter sur nous-mêmes pour accomplir le travail de transformation et de guérison dans notre famille, dans notre groupe et dans notre communauté, avant d'entreprendre quelque action que ce soit. Si le monde entier a les yeux rivés sur vous, cette action sera très puissante. Si Gandhi a pu réussir, vous réussirez aussi. Si vous êtes déterminés à pratiquer la non-violence et à demander à votre peuple de cesser le conflit, votre voix sera plus forte que celle des autres leaders mondiaux qui créent de la violence. Beaucoup de gens dans le monde vous apporteront votre soutien et vous serez au centre de l'attention. Pour planifier une telle action, vous avez besoin de beaucoup de temps, de beaucoup de pratique, de beaucoup de respiration consciente et de marche méditative. Après, tout le monde vous verra et vous écoutera. C'est mon espoir.

Pratiques pour la paix

Marcher en pleine conscience

L'esprit se perd dans mille et une pensées
Mais je marche en paix, sur ce beau chemin
A chaque pas, souffle un vent doux
A chaque pas, une fleur éclôt.

Marcher en pleine conscience, c'est méditer en marchant. Nous marchons lentement, en étant détendus et en gardant un léger sourire sur nos lèvres. Quand nous pratiquons de la sorte, nous nous sentons bien et nos pas sont ceux d'une personne qui se sent totalement en sécurité sur terre. Marcher en pleine conscience, c'est vraiment apprécier chaque pas, ne pas marcher pour arriver mais simplement pour marcher, pour être dans l'instant présent. Vous devez laisser tomber tous vos soucis et toutes vos peurs, ne pas penser à l'avenir, ne pas penser au passé et juste apprécier l'instant présent. Tout le monde peut le faire. Cela ne prend pas beaucoup de temps, il faut juste un peu de pleine conscience et le désir d'être heureux.

Nous marchons tout le temps, mais la plupart du temps cela ressemble davantage à une course. Nos pas pressés laissent une empreinte d'anxiété et de chagrin sur terre. Si nous pouvons faire un pas en étant en paix, nous pouvons faire deux, trois, quatre puis cinq pas pour la paix et le bonheur de l'humanité. Notre esprit passe d'une chose à l'autre, tel un singe qui saute de branche en branche sans jamais s'arrêter. Les pensées prennent des milliers de chemins et nous entraînent à jamais dans le monde de l'oubli. Si nous pouvons transformer l'endroit où nous marchons en chemin de méditation, nos pieds feront chaque pas en pleine conscience, notre respiration sera en harmonie avec nos pas et notre esprit sera naturellement tranquille.

Chaque pas que nous faisons renforce notre paix et notre joie et fait entrer en nous un courant d'énergie calme. Alors nous pouvons dire : « A chaque pas souffle un vent doux. »

En marchant, pratiquez la respiration consciente en comptant vos pas. Prenez conscience de votre respiration et du nombre de pas que vous faites en inspirant et en expirant. Si vous faites trois pas en inspirant, dites en silence : « Un, deux, trois » ou : « J'inspire, j'inspire, j'inspire », un mot à chaque pas. En expirant, si vous faites trois pas, dites : « J'expire, j'expire, j'expire » à chaque pas. Si vous faites trois pas en inspirant et quatre pas en expirant, dites : « J'inspire, j'inspire, j'inspire. J'expire, j'expire, j'expire, j'expire » ou : « Un, deux, trois. Un, deux, trois, quatre ».

Ne cherchez pas à contrôler votre respiration. Laissez vos poumons prendre autant d'air qu'il leur en faut et prenez simplement conscience du nombre de pas que vous faites à mesure que vos poumons se remplissent et se vident, en étant conscient de votre respiration et de vos pas. La clé est la pleine conscience.

Si vous êtes sur une pente ou sur une descente, le

nombre de pas par respiration va changer. Suivez toujours les besoins de vos poumons. N'essayez pas de
contrôler votre respiration ou votre marche. Contentez-
vous de les observer profondément.

Quand vous commencez la pratique, il se peut que
votre expiration soit plus longue que votre inspiration.
Vous constaterez peut-être que vous faites trois pas en
inspirant et quatre pas en expirant (3-4) ou deux pas en
inspirant et trois pas en expirant (2-3). Si c'est agréable,
pratiquez de la sorte. Après avoir pratiqué la marche
méditative pendant un certain temps, il est probable que
votre inspiration et votre expiration s'harmonisent : 3-3,
2-2 ou 4-4.

Si le long du chemin vous voyez quelque chose que
vous avez envie de toucher avec votre pleine conscience
– le ciel bleu, les collines, un arbre ou un oiseau –,
arrêtez-vous, mais continuez à respirer en pleine
conscience. Vous gardez vivant l'objet de votre contem-
plation par le biais de la respiration consciente. Si vous
ne respirez pas en pleine conscience, tôt ou tard vous
allez à nouveau vous perdre dans vos pensées et l'oiseau
et l'arbre auront disparu. Restez toujours avec votre
respiration.

En marchant, vous aurez peut-être envie de prendre
la main d'un enfant. Cet enfant recevra votre concentration et votre stabilité et vous recevrez sa fraîcheur et son
innocence. De temps en temps, il aura peut-être envie
de courir devant et d'attendre que vous le rejoigniez.
Un enfant est une cloche de pleine conscience qui nous
rappelle que la vie est merveilleuse. Au village des Pruniers, j'enseigne aux jeunes un simple vers à pratiquer
en marchant : « Oui, oui, oui » en inspirant et : « Merci,
merci, merci » en expirant. Je veux qu'ils se montrent

positifs face à la vie, la société et la terre. Ils apprécient beaucoup cette pratique.

Après avoir pratiqué plusieurs jours, essayez de rajouter un pas de plus quand vous expirez. Par exemple, si votre respiration normale est 2-2, sans marcher plus vite, prolongez votre expiration et pratiquez 2-3 quatre ou cinq fois. Puis revenez à 2-2. Quand nous respirons normalement, nous ne rejetons jamais complètement l'air de nos poumons. Il y en a toujours qui reste. En ajoutant un pas de plus à votre expiration, vous ferez ressortir plus d'air. N'en faites pas trop non plus. Quatre ou cinq fois suffisent. Plus pourrait vous fatiguer. Après avoir respiré ainsi quatre ou cinq fois, reprenez votre respiration normale. Puis, cinq ou dix minutes plus tard, vous pourrez recommencer le processus. Souvenez-vous d'ajouter un pas à l'expiration, non à l'inspiration.

Après avoir pratiqué quelques jours de plus, vos poumons vous diront peut-être : « Si nous pouvions faire 3-3 au lieu de 2-3, ce serait merveilleux. » Si le message est clair, essayez, mais pas plus de quatre ou cinq fois. Puis revenez à 2-2. Cinq ou dix minutes plus tard, commencez à pratiquer 2-3 puis de nouveau 3-3. Au bout de plusieurs mois, vos poumons iront mieux et votre sang circulera mieux. Votre façon de respirer aura été transformée.

Lorsque nous pratiquons la marche méditative, nous sommes arrivés à chaque instant. Et en pénétrant profondément l'instant présent, nos regrets et notre tristesse disparaissent et nous découvrons la vie avec toutes ses merveilles. En inspirant, nous nous disons : « Je suis chez moi » et en expirant : « Je suis arrivé », afin de ne plus nous disperser et de demeurer tranquillement dans l'instant présent, le seul moment où nous sommes vivants. Vous pouvez aussi pratiquer la marche méditative en utilisant les vers d'un poème. Dans le bouddhisme zen, la poésie et la pratique vont toujours de pair.

Je suis chez moi.
Je suis arrivé.
Il n'y a qu'ici
et maintenant.
Bien solide
Vraiment libre.
Dans l'ultime
Je m'établis.

En marchant, soyez conscient de vos pieds, du sol et du lien entre les deux, qui est votre respiration consciente. On dit que marcher sur l'eau est un miracle mais, pour moi, le véritable miracle est de marcher sur terre. La Terre est un miracle. Chaque pas est un miracle. Marcher sur cette belle planète peut apporter un réel bonheur[1].

---

1. Extrait de *The Long Road Turns to Joy* (Berkeley, Californie : Parallax Press, 1996) et de *Present Moment, Wonderful Moment* (Parallax Press, 1990).

Manger en pleine conscience

Il y a quelques années, j'ai demandé aux enfants : « Pourquoi prend-on un petit déjeuner ? » Un garçon a répondu : « Pour avoir de l'énergie pour la journée. » Un autre a dit : « On prend son petit déjeuner pour prendre son petit déjeuner. » Je pense que la deuxième réponse est plus correcte. Le but de manger, c'est de manger.

Manger en pleine conscience est une pratique importante. Nous éteignons la télévision, laissons notre journal de côté et, pendant cinq ou dix minutes, nous mettons la table ensemble et faisons ce qu'il reste à faire. Pendant ces quelques minutes, nous pouvons être très heureux. Quand la nourriture est sur la table et que tout le monde est assis, nous pratiquons la respiration consciente trois fois : « J'inspire, je calme mon corps. J'expire, je souris. » Nous pouvons nous retrouver complètement après trois respirations de la sorte.

Puis, nous regardons chaque personne en inspirant et en expirant pour être en contact avec nous-mêmes et les autres. Nous n'avons pas besoin de deux heures pour voir une autre personne. Si nous sommes vraiment en phase avec nous-mêmes, il nous suffit de regarder nos amis pendant quelques secondes pour les voir. Je pense qu'une famille composée de cinq personnes n'a besoin que de cinq à dix secondes pour pratiquer « regarder et voir ».

Après avoir respiré, nous sourions. En étant attablés avec d'autres personnes, nous avons la possibilité d'offrir un authentique sourire d'amitié et de compréhension. C'est très facile, mais peu de gens le font. Pour moi, c'est une pratique très importante. Nous regardons chaque personne et nous lui sourions. Respirer et sourire ensemble sont des pratiques très importantes. Si, dans une famille, on ne peut pas se sourire mutuellement, la situation est très critique.

Après avoir respiré et souri, nous regardons la nourriture de telle sorte qu'elle devient réelle. Cette nourriture révèle notre lien avec la Terre. Chaque morceau contient la vie du Soleil et de la Terre. La manière dont la nourriture se révèle dépend de nous. Nous pouvons voir et goûter tout l'univers dans un morceau de pain ! Contempler notre nourriture pendant quelques secondes avant de manger et manger en pleine conscience sont des pratiques qui peuvent nous apporter beaucoup de bonheur.

Le fait d'avoir la possibilité de vous asseoir avec votre famille et vos amis et d'apprécier un merveilleux repas est quelque chose de très précieux, quelque chose que tout le monde n'a pas. Beaucoup de gens ont faim sur cette Terre. Quand je tiens un bol de riz entre mes mains ou un morceau de pain, je sais que j'ai de la chance et j'éprouve de la compassion pour tous ceux qui n'ont rien à manger et n'ont ni famille ni amis. C'est une pratique très profonde. Il n'est pas nécessaire d'aller dans un temple ou une église pour pratiquer. On peut pratiquer tout de suite, à table, et le fait de cultiver les graines de compassion et de compréhension nous donnera la force de faire quelque chose pour aider à nourrir ceux qui ont faim et souffrent de la solitude.

Pour favoriser la pleine conscience pendant les repas, vous aurez peut-être envie de manger en silence de temps en temps. Votre premier repas en silence pourra vous sembler quelque peu bizarre mais, quand vous y serez habitué, vous vous rendrez compte que le fait de manger en silence peut apporter beaucoup de paix et de bonheur. C'est comme éteindre la télévision avant de manger. Nous « éteignons » les conversations afin d'apprécier la nourriture et la présence de chacun.

Je ne recommande pas de manger en silence tous les jours. Je pense que le fait de se parler est une manière merveilleuse d'être en contact. Mais nous devons faire la distinction entre plusieurs types de conversations. Certains sujets peuvent nous séparer, par exemple le fait de parler des défauts des autres. Le repas que nous avons préparé avec soin perdra toute sa valeur si nous laissons ce genre de conversation dominer notre repas. Si, au lieu de cela, nous parlons de choses qui nourrissent notre conscience de la nourriture et qui nous rapprochent, nous cultivons le genre de bonheur dont nous avons besoin. Je pense que la conscience d'un morceau de pain dans notre bouche est une expérience bien plus nourrissante que celle qui consiste à parler des défauts des autres. Cela apporte de la vie et rend la vie réelle.

Je propose que pendant les repas, l'on s'abstienne de discuter de sujets susceptibles de détruire la conscience de la famille et de la nourriture. Mais vous devez vous sentir libre de dire des choses qui nourriront la conscience et le bonheur. Par exemple, s'il y a un plat que vous appréciez tout particulièrement, vous pouvez voir que les autres l'apprécient aussi et, si quelqu'un ne l'apprécie pas, vous pouvez l'aider à apprécier ce plat délicieux préparé avec amour. Si une personne pense à autre chose qu'aux bonnes choses à manger qui sont présentes sur la table, comme ses difficultés au bureau ou avec des amis, elle perd l'instant présent et la nourriture. Vous pouvez lui dire : « Ce plat est très bon, tu ne trouves pas ? » pour la retirer de ses pensées et de ses soucis et la ramener ici et maintenant, afin qu'elle puisse apprécier les personnes présentes et ce bon plat. Vous devenez un bodhisattva en aidant un être humain à s'éveiller. Je sais que les enfants sont tout à fait capables de pratiquer la pleine conscience et de rappeler aux autres de faire de même.

Voici quelques petits poèmes qu'on appelle des *gatha*, pour nous aider à pratiquer la pleine conscience en mangeant :

En regardant votre assiette vide

Mon assiette est vide pour l'instant.
Je sais qu'elle sera bientôt remplie
D'une nourriture délicieuse.

Je suis conscient que beaucoup de gens sur cette Terre regardent une assiette vide, et que cette assiette restera vide longtemps. Je suis reconnaissant d'avoir à manger et je suis déterminé à trouver les moyens d'aider ceux qui ont faim.

155

La paix en soi, la paix en marche

En se servant à manger

Dans cette nourriture
Je vois clairement la présence
De l'univers tout entier
Qui contribue à ma subsistance.

Ce poème nous aide à voir le principe des origines conditionnées, à savoir que notre vie et la vie de toutes les espèces sont interdépendantes.

En contemplant la nourriture

Cette assiette de nourriture,
Si appétissante,
Contient aussi beaucoup de souffrance.

Ce *gatha* a ses racines dans une chanson traditionnelle vietnamienne. Quand nous regardons notre assiette, remplie de nourriture appétissante, nous devons rester conscients de la souffrance de ceux qui n'ont rien à manger. Chaque jour, quarante mille enfants meurent de la famine et de la malnutrition. Tous les jours ! C'est un chiffre qui me choque chaque fois que je l'entends. En regardant notre assiette, nous pouvons « voir » la Terre mère, les gens qui travaillent la terre et la tragédie de la faim et de la malnutrition.

Nous qui vivons en Amérique du Nord et en Europe, nous sommes habitués à manger des céréales et d'autres denrées importées du tiers-monde, comme du café de Colombie, du chocolat du Ghana ou du riz parfumé de Thaïlande. Nous devons être conscients que les enfants de ces pays, à l'exception de ceux qui vivent dans des familles riches, ne voient jamais ces produits. Ils mangent des denrées de qualité inférieure, tandis que les meilleurs produits sont réservés à l'exportation pour rapporter des devises. Il y a même des parents qui, n'ayant pas les moyens de nourrir leurs enfants, en sont réduits à les vendre pour qu'ils travaillent comme domestiques dans des familles où ils pourront manger à leur faim.

Avant de commencer à manger, nous pouvons joindre les mains en pleine conscience et penser aux enfants qui n'ont pas assez à manger. Lentement et en pleine conscience, nous respirons trois fois et récitons ce *gatha*. Cela nous aidera à maintenir notre pleine conscience. Peut-être qu'un jour nous trouverons les moyens de vivre plus simplement afin d'avoir plus de temps et d'énergie pour faire quelque chose afin de changer le système d'injustice qui existe dans le monde.

En commençant à manger

Avec la première bouchée, je promets d'offrir de la joie.
Avec la deuxième, je promets de m'efforcer à soulager
les autres de leur souffrance.
Avec la troisième, je promets de me réjouir
du bonheur d'autrui.
Avec la quatrième, je promets d'apprendre la voie
du non-attachement et de l'équanimité.

Ce *gatha* nous rappelle les quatre esprits illimités (*brahmaviharas* en sanskrit) : la bonté aimante, la compassion, la joie et l'équanimité. On dit que ce sont les quatre demeures des bouddhas et des bodhisattvas. Avec la première bouchée, nous pouvons exprimer notre gratitude en faisant la promesse d'offrir de la joie à au moins une personne. Avec la seconde bouchée, nous pouvons aider à soulager au moins une personne de sa souffrance. Après la quatrième bouchée, nous entrons en contact avec la nourriture et sa nature profonde.

En regardant votre assiette à nouveau vide

Mon assiette est vide,
Ma faim est rassasiée.
Je fais le vœu de vivre
Pour le bien de tous les êtres.

Ce *gatha* nous rappelle les quatre gratitudes – envers nos parents, nos maîtres, nos amis et toutes les espèces organiques et non organiques qui contribuent à notre subsistance et enrichissent nos vies [1].

---

1. Extrait de *Present Moment, Wonderful Moment* (Parallax Press, 1990).

L'écoute profonde et la parole aimante

Nombreuses sont les universités américaines qui proposent un cours de communication. Je ne sais pas exactement ce que les étudiants y apprennent, mais j'espère qu'on y enseigne l'art de l'écoute profonde et de la parole aimante. C'est quelque chose qu'il faudrait pratiquer chaque jour si nous voulons développer de véritables talents de communication. Il y a un dicton au Vietnam qui dit : « Cela ne coûte rien de parler avec bonté. » Il suffit simplement de choisir nos paroles avec soin pour rendre les autres heureux. Notre façon de parler et d'écouter peut offrir de la joie, du bonheur, de la confiance en soi, de l'espoir, de la confiance et de l'éveil à nos semblables.

Beaucoup de gens dans notre société ont perdu la capacité d'écouter et de parler de manière aimante. Dans beaucoup de familles, plus personne ne s'écoute. La communication est devenue impossible. C'est le plus grand problème de notre époque. Jamais dans toute l'histoire de l'humanité nous n'avons disposé d'autant de moyens de communication – télévision, radio, téléphone, fax, courrier électronique, internet –, mais nous sommes restés comme des îles, avec très peu de communication entre les membres d'une même famille, entre les individus d'une société ou entre les pays. Il y a tant de guerres et de conflits. Nous devons trouver les moyens d'ouvrir à nouveau les portes de la communication. Lorsque nous ne pouvons pas communiquer, nous devenons malades, nous souffrons et nous déversons notre souffrance sur les autres. Nous payons des psychothérapeutes pour nous écouter, mais les psychothérapeutes ne sont que des êtres humains qui ont aussi leurs problèmes.

Un jour, à Karma Ling, un centre de méditation situé dans les Alpes, en France, j'ai dit à un groupe d'enfants que chaque fois qu'ils se sentaient mal, ils devaient aller en parler à un ami ou à un parent. Les enfants souffrent comme les adultes. Eux aussi se sentent seuls, coupés des autres et impuissants. Nous devons leur apprendre à communiquer leur souffrance.

Supposons que votre partenaire vous ait dit quelque chose de méchant et que vous vous sentiez blessé. Si vous répondez sur-le-champ, vous risquez d'aggraver la situation. La meilleure pratique consiste à inspirer et à expirer pour vous calmer. Puis, quand vous serez suffisamment calme, vous pourrez lui dire : « Ce que tu viens de dire m'a blessé. Je voudrais regarder profondément ce qui s'est passé et que tu fasses de même. » Vous pourrez ensuite fixer un rendez-vous pour le vendredi soir afin de regarder la situation ensemble. Qu'une personne examine les racines de la souffrance, c'est bien, que deux personnes le fassent, c'est mieux, et qu'elles le fassent ensemble, c'est encore mieux.

Je propose le vendredi soir pour deux raisons. Premièrement, si vous êtes encore blessé et que vous commencez à en discuter tout de suite, c'est trop risqué. Vous pourriez dire des choses qui ne feront qu'aggraver la situation. En attendant le vendredi soir, vous pourrez pratiquer le regard profond afin d'observer la nature de votre souffrance et l'autre personne pourra faire de même. En conduisant votre voiture, vous aurez tout le temps d'y repenser en profondeur. Avant le vendredi soir, vous aurez peut-être découvert la racine du problème et vous aurez pu en parler à l'autre et lui demander des excuses. Puis, le vendredi soir, vous pourrez prendre une tasse de thé ensemble et prendre plaisir à vous retrouver. En fixant un rendez-vous, vous aurez le temps de vous calmer et de regarder profondément les choses tous les deux. C'est la pratique de la méditation. Méditer, c'est se calmer et regarder profondément la nature de sa souffrance.

Quand arrivera le vendredi soir, si la souffrance n'a pas été transformée, vous pourrez pratiquer l'art d'Avalokiteshvara – une personne s'exprime pendant que l'autre écoute profondément. Quand vous parlez, vous dites la vérité la plus profonde, avec des paroles aimantes, c'est-à-dire des paroles que l'autre peut comprendre et accepter. En écoutant, vous savez que votre écoute doit être de bonne qualité pour soulager l'autre de sa souffrance. Une autre raison d'attendre le vendredi soir, c'est qu'en ayant neutralisé ce sentiment ce soir-là, vous aurez tout le week-end pour vous retrouver.

La parole aimante est un aspect important de la pratique. Nous disons la vérité d'une façon aimante, sans violence. Pour parler ainsi il faut être calme. Quand nous sommes irrités, nos paroles sont destructrices. C'est pourquoi, quand nous sommes en colère, nous devrions nous abstenir de parler et juste respirer. Nous pouvons aller pratiquer la marche méditative dehors, regarder les arbres, les nuages, la rivière. Une fois notre calme et notre sérénité retrouvés, nous serons capables d'utiliser le langage de la bonté aimante. Si, en parlant, nous sentons que le sentiment d'irritation revient, nous pouvons nous arrêter et respirer. C'est la pratique de la pleine conscience.

Ecouter avec compassion a pour but d'aider l'autre à moins souffrir. Vous devez nourrir la conscience de rester calme et concentré, quoi que l'autre puisse dire. Vous ne portez pas de jugement. Vous gardez votre compassion vivante. L'autre peut être injuste, dire des choses fausses, faire des reproches, attaquer ou juger. Vous maintenez votre énergie de compassion de telle sorte que la graine de la souffrance ne soit pas touchée. Pratiquer la respiration consciente en respirant est très utile : « J'inspire, je sais que j'écoute afin d'aider l'autre à moins souffrir. J'expire, je me souviens que la personne qui est en face de moi souffre. » Nous devons nous entraîner à pouvoir nous asseoir et écouter pendant quarante-cinq minutes ou une heure sans être irrités. Avalokiteshvara est une personne qui a cette capacité et qui pratique l'art de l'écoute profonde.

Nous ne voulons pas que nos graines de souffrance soient arrosées quand nous écoutons. C'est pourquoi nous devons pratiquer. Le temps que nous passons à pratiquer la marche, la respiration et l'assise en pleine conscience est important. Nous devons commencer à nous aider avant de pouvoir aider les autres. La première fois que nous essaierons l'écoute compatissante, il se peut que nous sentions nos limites au bout de quinze minutes. Si nous nous sentons trop faibles pour continuer, nous pouvons dire à l'autre : « Est-ce qu'on pourrait continuer plus tard ? J'ai besoin d'aller marcher un peu en pleine conscience. » Nous avons besoin de nous régénérer avant de continuer. Il est important de connaître nos limites. Si nous ne connaissons pas nos limites, nos tentatives pour aider les autres seront vaines. J'ai assisté à des réunions où une personne qui n'avait jamais été écoutée était incapable de parler. Nous avons dû pratiquer la respiration consciente pendant un long moment avant qu'elle puisse enfin dire toute sa peine. La patience est la marque du véritable amour. Si vous aimez vraiment quelqu'un, vous serez plus patient à son égard.

La pratique du bodhisattva Avalokiteshvara est d'écouter très profondément tous les sons, y compris les pleurs de souffrance qui sont en vous et autour de vous. Ecouter la cloche, le vent, l'eau, les insectes et tous les êtres vivants fait partie de notre pratique. Dès lors que nous savons comment écouter profondément en pleine conscience, tout devient clair et profond[1].

---

1. Extrait de *Enseignements sur l'amour* (Albin Michel, 1999) et *The Path of Emancipation* (Parallax Press, 2000).

La relaxation profonde

Le stress s'accumule dans notre corps. Notre façon de manger, de boire et de vivre agit sur notre bien-être. La relaxation profonde, c'est donner la possibilité à notre corps de se reposer, de guérir et de se restaurer. Nous détendons notre corps et portons notre attention sur chaque partie de notre corps, envoyant notre amour à chaque cellule.

La relaxation profonde peut se pratiquer à la maison une fois par jour pendant vingt minutes ou plus. Une personne guide. Même les plus jeunes membres de la famille peuvent apprendre à guider une séance de relaxation totale pour l'ensemble de la famille.

Si vous avez des problèmes de sommeil, la relaxation profonde peut vous aider. Mais même si vous restez éveillé, la pratique peut vous nourrir et vous permettre de vous reposer. Il est très important de s'accorder du repos.

La relaxation profonde est vitale. On devrait la pratiquer partout. Si vous êtes enseignant, vous pouvez apprendre ces techniques et inviter vos élèves à pratiquer avant un cours ou au milieu d'un cours, en position assise ou allongée. Cela aide les professeurs comme les élèves à être moins stressés. Si vous êtes médecin, vous pouvez apprendre ces techniques afin d'aider vos patients. Si vos patients connaissent l'art de la respiration consciente et de la relaxation totale, cela augmentera leur capacité à se guérir et le processus de guérison se fera plus rapidement.

Même les membres du Parlement peuvent pratiquer la relaxation totale et la respiration consciente. Nous voulons que nos députés soient détendus afin qu'ils puissent prendre les meilleures décisions possibles. Ce n'est pas une pratique sectaire ou religieuse.

Si vous voulez faire une relaxation profonde en groupe, une personne peut guider en utilisant les phrases indiquées à la suite ou toute autre variante. Si vous guidez, parlez lentement, faites des pauses souvent et laissez à chacun le temps d'entendre vos paroles et de s'en imprégner. Quand vous pratiquez la relaxation seul chez vous, vous pouvez enregistrer l'exercice au préalable pour l'écouter.

Exercice de relaxation profonde

Allongez-vous sur le dos, les bras le long du corps. Laissez votre corps se détendre. Soyez conscient du sol et laissez votre corps s'enfoncer dans le sol.

Prenez conscience de votre respiration. Soyez conscient de votre abdomen qui s'élève et s'abaisse quand vous inspirez et expirez.

En inspirant, portez votre attention sur vos yeux. Expirez, vos yeux se détendent. Laissez vos yeux s'enfoncer dans votre tête. Relâchez les tensions dans tous les petits muscles autour des yeux. Nos yeux nous permettent de voir un paradis de formes et de couleurs. Envoyez de l'amour et de la gratitude à vos yeux. Reposez vos yeux.

En inspirant, portez votre attention sur votre bouche. Expirez, votre bouche se détend. Relâchez les tensions autour de la bouche. Vos lèvres sont des pétales de fleurs. Laissez un beau sourire s'épanouir sur vos lèvres et relâchez la tension des centaines de muscles de votre visage. Sentez la tension se relâcher dans vos joues, votre mâchoire, votre gorge.

En inspirant, portez votre attention sur vos épaules. En expirant, relâchez les épaules. Laissez-les s'enfoncer dans le sol. Laissez la tension accumulée se répandre dans le sol. Nous portons un tel poids sur les épaules. Maintenant, nous les laissons se reposer.

En inspirant, portez votre attention sur vos bras. En expirant, détendez vos bras. Laissez-les s'enfoncer dans le sol, d'abord le haut du bras, le coude, l'avant-bras, le poignet, la main, les doigts. Bougez légèrement les doigts si cela peut aider les muscles à se relâcher.

En inspirant, portez votre attention sur votre cœur. En expirant, détendez votre cœur. Nous avons négligé notre cœur pendant très longtemps par notre façon de travailler, de manger, de nous angoisser et de stresser. Notre cœur bat pour nous jour et nuit. Embrassez votre cœur avec tendresse et pleine conscience.

En inspirant, portez votre attention sur vos jambes. En expirant, détendez vos jambes. Relâchez la tension dans vos jambes, en commençant par les cuisses, les genoux, les mollets, les chevilles, les pieds et les doigts de pied. Relâchez tous les petits muscles de vos pieds. Vous pouvez bouger légèrement les doigts de pied pour les aider à se détendre et envoyer votre amour à vos doigts de pied.

En inspirant, tout votre corps se sent léger comme une fleur flottant à la surface de l'eau. En expirant, vous n'avez nulle part où aller, vous n'avez rien à faire. Vous êtes aussi libre qu'un nuage dans le ciel.

(Détendez-vous pendant dix minutes ou plus. Au village des Pruniers, nous avons l'habitude de jouer d'un instrument de musique ou de chanter pendant cette partie de la relaxation.)

Ramenez votre conscience à votre respiration, à votre abdomen qui s'élève et s'abaisse.

En suivant votre respiration, prenez conscience de vos bras et de vos jambes. Vous aurez peut-être envie de bouger un peu et de vous étirer.

Quand vous vous sentirez prêt, asseyez-vous en douceur et levez-vous lentement.

N'hésitez pas à inclure d'autres parties du corps dans cet exercice de conscience : les cheveux, le crâne, le cerveau, les oreilles, le cou, les poumons, chaque organe interne, le système digestif, le pelvis et toute autre partie du corps qui a besoin de guérison et d'attention.

Le renouveau

Au village des Pruniers, nous pratiquons une cérémonie du renouveau chaque semaine. Tout le monde s'assied en cercle autour d'un vase de fleurs et nous suivons notre respiration jusqu'à ce que la personne qui guide commence. La cérémonie se déroule en trois parties : arroser les fleurs, exprimer des regrets et dire nos blessures et nos difficultés. Cette pratique peut empêcher des sentiments de blessure de s'installer au fil des semaines et permet une certaine sécurité dans la communauté.

On commence par arroser les fleurs. La personne qui est prête à parler joint les mains et les autres font de même pour montrer qu'elle peut parler. Puis elle se lève, se dirige lentement vers les fleurs, prend le vase dans ses mains et retourne s'asseoir. Lorsqu'elle parle, ses paroles reflètent la fraîcheur et la beauté de la fleur qui est entre ses mains. Pendant cette pratique d'arrosage des fleurs, chaque personne qui prend la parole reconnaît les qualités des autres. Ce n'est pas de la flatterie, seulement la vérité. Chacun a des points forts qui peuvent être vus en toute conscience. Personne ne peut interrompre la personne qui tient la fleur. Elle peut parler aussi longtemps qu'elle le souhaite et tous les autres pratiquent l'écoute profonde. Il ne faut pas sous-estimer cette première étape d'arrosage des fleurs. Quand nous pouvons reconnaître les belles qualités de l'autre, il est très difficile de maintenir des sentiments de colère et de ressentiment. Nous devenons plus doux naturellement et notre perspective s'élargit pour englober toute la réalité. Nous ne sommes plus prisonniers des perceptions erronées, de l'irritation et du jugement, nous pouvons facilement trouver la manière de nous réconcilier avec les autres dans notre communauté ou notre famille. L'essence de cette pratique est de restaurer l'amour et la compréhension entre les membres de la communauté. La forme que prend cette pratique doit être appropriée à la situation et aux personnes concernées. Il est toujours utile de consulter ceux qui ont plus d'expérience dans la pratique et qui ont connu le même genre de difficultés afin de profiter de leur expérience.

Dans la deuxième partie de la cérémonie, nous exprimons des regrets pour toutes les blessures que nous avons pu infliger aux autres par nos paroles ou nos actions. Il suffit de prononcer une seule parole irréfléchie pour blesser quelqu'un. La cérémonie du renouveau est une occasion de rappeler un regret que nous avons pu avoir au début de la semaine. Dans la troisième partie de la cérémonie, nous disons en quoi les autres nous ont blessés. La parole aimante est essentielle. Nous voulons guérir la communauté et non lui faire du mal. Nous parlons franchement, sans nous montrer destructeurs pour autant. La méditation de l'écoute est une partie importante de la pratique. Quand nous sommes assis dans un cercle d'amis qui pratiquent tous l'écoute profonde, nos paroles deviennent plus belles et plus constructives. Nous ne cherchons pas à accuser ni à nous disputer. Dans la dernière partie de la cérémonie, il est essentiel d'écouter avec compassion. Nous écoutons les blessures et les difficultés avec la volonté de soulager l'autre de sa souffrance, non pas de juger ou d'argumenter. Nous écoutons avec toute notre attention. Même si ce que dit l'autre n'est pas vrai, nous continuons à l'écouter profondément de manière à ce qu'il puisse exprimer sa douleur et apaiser ses tensions. Si nous essayons de lui répondre ou de le corriger, la pratique ne portera pas ses fruits. Nous nous contentons de l'écouter. Si nous avons besoin de lui dire que ses perceptions ne sont pas justes, nous pourrons le faire quelques jours plus tard, en privé et dans le calme. Puis, lors du prochain renouveau, l'autre rectifiera peut-être son erreur de lui-même et nous n'aurons plus rien à dire. A la fin de la cérémonie, on peut chanter une chanson ou se tenir par la main en cercle en respirant pendant une minute. Parfois, on termine par une méditation de l'étreinte[1].

---

1. Extrait de *Enseignements sur l'amour* (Albin Michel, 1999) et *Joyfully Together* (Parallax Press, 2003).

Le traité de paix

Au village des Pruniers, nous avons un traité de paix que de nombreux couples ont signé en présence de toute la Sangha. En voici la teneur : « Chéri, je promets qu'à partir de maintenant, chaque fois que je serai en colère, je ne dirai rien, je ne ferai rien. Je ne serai pas tenté de te punir, car je sais que cela te ferait souffrir. Et si tu souffres, je souffrirai aussi. Je reviendrai en moi-même afin de regarder profondément pour voir ce que j'ai fait pour créer une telle souffrance. Je te demanderai : "Pourquoi m'as-tu fait telle ou telle chose ? Pourquoi m'as-tu dit telle ou telle chose qui m'a fait du mal ? Explique-moi, s'il te plaît. Je ne veux pas te punir. Je veux que tu m'expliques pourquoi tu m'as fait telle chose, pourquoi tu m'as dit telle chose et je t'écouterai." S'il te plaît, chéri, fais comme moi. Quand tu souffres à cause de ce que j'ai fait ou dit, ne me punis pas. Donne-moi une chance. Demande-moi pourquoi j'ai fait ou dit telle chose. »

Les couples, les pères et les fils, les mères et les filles doivent se réconcilier et signer un traité de paix – c'est une pratique quotidienne : « Chéri(e), je promets qu'à partir de maintenant, je ne vais pas arroser les graines de colère et de jalousie qui sont en toi. Je promets de n'arroser que les graines de joie, de compréhension et de bonheur qui sont en toi. Fais pareil avec moi. Tu sais que j'ai beaucoup de colère et de jalousie. S'il te plaît, n'arrose pas ces graines de jalousie et de colère chaque jour. Sinon, je souffrirai et tu souffriras aussi avec moi. » C'est une pratique, pas une déclaration.

Lorsqu'on se met en colère, on ne ressemble pas à une fleur merveilleuse ; on a plutôt l'air d'une bombe prête à exploser. Des centaines de muscles se contractent sur notre visage et il y a énormément de souffrance qui remonte en nous. C'est pourquoi nous avons rédigé un traité de paix au village des Pruniers, que les couples et toutes les personnes qui le souhaitent peuvent signer en présence de la Sangha afin d'augmenter leurs chances de ne pas se laisser emporter par la colère. Ce n'est pas un simple papier, mais une véritable pratique qui peut nous aider à vivre ensemble longtemps et dans la joie. Ce traité est composé de deux parties. L'une est destinée à la personne en colère et l'autre à la personne qui est à l'origine de cette colère. Si nous respectons les termes de ce traité, nous saurons exactement ce qu'il faut faire ou ne pas faire face à la colère de l'autre.

En vertu de l'article premier, nous acceptons d'éviter toute parole ou tout acte susceptible d'aggraver les choses ou d'intensifier la colère. Il s'agit en quelque sorte de nous imposer un moratoire sur nos paroles et sur nos actes.

L'article deux nous invite à ne pas réprimer notre colère. Quand le moment sera approprié, nous pourrons nous exprimer, mais pas tout de suite. Il faut au moins attendre le temps de trois respirations conscientes, sans quoi le fait d'exprimer nos sentiments de colère pourrait se révéler dangereux.

L'article trois nous invite à pratiquer la respiration consciente avec notre colère et à prendre refuge dans notre île intérieure. Nous savons que la colère est là. Nous ne cherchons ni à la réprimer ni à la nier. Nous prenons soin d'elle avec la pleine conscience de la respiration et en l'entourant des bras aimants de la pleine conscience. Nous pouvons rester assis tranquillement ou aller marcher dans la nature. S'il nous faut une demi-heure, nous prenons ce temps. Si nous avons besoin de trois heures, nous pratiquons la respiration consciente pendant trois heures.

Le Bouddha a dit à ses disciples : « Mes amis, ne comptez sur personne en dehors de vous-mêmes. Soyez une île pour vous-mêmes et prenez refuge dans cette île. » Dans les moments difficiles, quand on ne sait plus quoi faire, c'est une pratique merveilleuse. Si j'étais dans un avion sur le point de s'écraser, c'est ce que je pratiquerais. Si nous pratiquons bien, alors dans notre île il y aura des arbres, des oiseaux, des sources d'eau claire et une terre très solide. L'essence d'un Bouddha est la pleine conscience. La respiration consciente est le Dharma vivant, ce qui vaut mieux que n'importe quel livre. La Sangha est présente dans les cinq éléments qui composent le soi : la forme, les sensations, les perceptions, les formations mentales et la conscience. Lorsque ces éléments sont en harmonie, nous sommes heureux et en paix. Quand nous pratiquons la respiration consciente et générons la pleine conscience en nous-mêmes, le Bouddha est là. Si nous revenons en nous-mêmes et découvrons le Bouddha qui est en nous, nous serons en sécurité.

L'article quatre du traité nous dit que nous avons vingt-quatre heures pour retrouver notre calme et faire part à l'autre de notre colère. Nous n'avons pas le droit de garder notre colère plus longtemps. Sinon, elle se transformera en poison capable de nous détruire, nous et la personne que nous aimons. Si cette pratique nous est familière, nous pourrons aller lui parler au bout de cinq ou dix minutes, mais il ne faut jamais attendre plus de vingt-quatre heures. Par exemple, nous pouvons dire : « Ce que tu as dit ce matin m'a mis(e) très en colère. Je souffre beaucoup et je voulais que tu le saches. »

L'article cinq nous conseille de conclure en disant : « J'espère que d'ici à vendredi soir, nous aurons tous les deux l'occasion d'observer en profondeur ce qui s'est passé », puis de proposer un moment de rencontre. Le vendredi soir est idéal pour désamorcer les bombes, petites ou grosses, car cela nous laisse tout le week-end pour profiter de notre réconciliation. Toutefois, si le délai de vingt-quatre heures touche à sa fin et que nous ne nous sentons pas prêts à parler calmement, nous pouvons utiliser le « message de paix » suivant :

Date : ....

Heure : ....

Ce matin (cet après-midi), tu as dit (fait) quelque chose qui m'a mis(e) très en colère. Je souffre beaucoup. Je voulais que tu le saches. Tu as dit (fait) : ....
....
Je te propose que nous observions ce que tu as dit (fait) et que nous en parlions ensemble, ouvertement et dans le calme, vendredi soir.

.... qui ne va pas très bien à l'heure qu'il est.

Si nous utilisons ce message, nous devons nous assurer que la personne concernée le reçoit dans les délais, et si possible en mains propres. Nous ne pouvons pas nous contenter de dire : « Je l'ai mis sur ton bureau et tu ne l'as pas regardé. C'est de ta faute. » En fait, c'est d'abord pour nous-mêmes que nous le faisons, car dès l'instant où nous savons que la personne l'a reçu, nous nous sentons mieux.

L'article six nous dit de ne pas faire croire que nous ne sommes pas en colère. Peut-être sommes-nous trop fiers pour admettre notre souffrance. Mais nous ne devrions jamais dire : « Je ne suis pas en colère. Il n'y a aucune raison pour que je sois en colère. » Nous ne devrions pas dissimuler la vérité. Si nous sommes en colère, c'est un fait. C'est là un point important du traité de paix. La fierté ne doit pas être un obstacle qui détruit notre relation. Nous sommes engagés l'un envers l'autre, nous nous soutenons mutuellement, nous sommes un frère ou une sœur l'un pour l'autre. Pourquoi cette fierté ? Ma peine doit aussi être sa peine. Ma souffrance doit être sa souffrance.

L'article sept nous recommande – lorsque nous pratiquons la pleine conscience de la respiration, assis, en marchant, en observant les choses en profondeur ou en vivant en pleine conscience notre vie de tous les jours – de nous concentrer sur les points suivants : 1. reconnaître en quoi nous avons été maladroits et peu attentifs ; 2. voir en quoi nous avons blessé l'autre et admettre que nous avons souvent l'énergie de nous mettre en colère et de blesser l'autre facilement ; 3. reconnaître que la principale cause de la colère est la forte graine de colère qui repose dans notre conscience du tréfonds et qui a pris l'habitude de se manifester.

L'autre n'est pas la cause première de notre souffrance. Nous avons des amis qui ne se mettent pas en colère aussi facilement. Même s'il y a aussi une graine de colère en eux, elle n'est pas aussi forte que la nôtre ; 4. voir que l'autre souffre aussi et que c'est ce qui l'a poussé à se comporter maladroitement, arrosant ainsi notre graine de colère. Nous reconnaissons que l'autre n'est pas la cause principale de notre souffrance. Il n'était peut-être que la cause secondaire, ou nous le percevons à tort comme une cause secondaire – peut-être ne voulait-il pas du tout nous blesser ; 5. quand certaines personnes se mettent en colère, elles pensent naïvement que cela va les soulager de dire des paroles blessantes. Ce n'est certainement pas la meilleure chose à faire, mais c'est pourtant ce que font beaucoup de gens. Nous devons reconnaître que, bien souvent, l'autre ne cherche qu'à se soulager de sa propre souffrance ; 6. voir que tant que l'autre souffre, nous ne pourrons pas être heureux. Dans une communauté, lorsqu'une personne est malheureuse, toute la communauté est malheureuse. Pour ne plus souffrir, nous devons trouver la meilleure façon de l'aider à ne plus souffrir. Ce n'est que lorsqu'elle aura dépassé sa souffrance que la communauté connaîtra un bonheur authentique.

L'article huit nous invite à nous excuser dès l'instant où nous prenons conscience de notre maladresse et de notre manque de vigilance. Il est inutile de laisser l'autre se sentir coupable jusqu'au vendredi soir. Si nous nous rendons compte que notre colère vient de ce que nous avons mal compris quelque chose ou que notre énergie habituelle nous a poussés à répondre trop vite, nous devons aller vers l'autre et lui dire : « Je suis désolé(e), je n'ai pas agi en pleine conscience. Je me suis mis(e) en colère trop vite et sans raison. S'il te plaît, pardonne-moi.» Cela va soulager l'autre. Mieux vaut arrêter le cycle de la souffrance le plus vite possible. L'article neuf nous donne la possibilité de reporter la rencontre du vendredi soir à plus tard. Si nous ne sommes pas assez calmes, le moment n'est pas encore venu de parler. Nous avons besoin de pratiquer encore quelques jours.

Les cinq articles de la deuxième partie du traité s'adressent à la personne qui a mis l'autre en colère.

L'article premier nous dit de respecter ses sentiments. Même si nous estimons que sa colère n'est pas fondée et qu'elle se trompe, nous ne devrions pas dire : « Je n'ai rien fait et tu es en colère.» Toute sensation a une certaine durée de vie : elle naît, se maintient un moment puis s'éteint doucement. Même si nous voyons que sa colère n'a aucune raison d'être et qu'elle se trompe complètement, n'essayons pas de la calmer à tout prix. Aidons-la ou laissons-la seule pour que sa colère puisse retomber naturellement.

L'article deux nous conseille de ne pas chercher à entamer une discussion avec la personne qui vient tout juste d'exprimer sa souffrance. Nous risquerions de tout compromettre. Respectons le traité et attendons le vendredi soir. Cela nous laissera du temps pour observer la situation en profondeur et réfléchir à ce que nous avons bien pu dire ou faire pour la mettre en colère. Que vous soyez assis ou en train de marcher, vous respirez en pratiquant le regard profond. C'est la véritable méditation.

L'article trois nous invite à confirmer notre présence le vendredi soir, dès que nous aurons pris connaissance du message de paix. C'est important car si l'autre sait que nous avons reçu son message, il se sentira soulagé.

L'article quatre nous invite à pratiquer la respiration consciente et à prendre refuge dans notre île intérieure afin de constater : 1. que nous avons en nous des graines – des énergies d'habitude – de colère et de méchanceté. Il nous est déjà arrivé de rendre l'autre malheureux. Nous pouvons le reconnaître, même si nous ne voyons pas ce que nous avons fait de mal aujourd'hui. Ne pensons pas trop vite que nous n'y sommes pour rien ; 2. qu'au moment de l'incident, nous souffrions peut-être et nous avons pensé que cela nous soulagerait de dire des méchancetés. Mais nous avons tort de croire que notre souffrance sera moins forte si nous faisons souffrir l'autre ; 3. que la souffrance de l'autre est notre souffrance. Si nous l'aidons à y mettre fin, nous en profiterons également.

L'article cinq nous dit de nous excuser dès que nous nous en sentons capables, sans chercher à nous justifier ni à expliquer le pourquoi de ce que nous avons dit ou fait. Le simple fait de s'excuser peut avoir un effet très puissant. Il nous suffit de dire : « Je suis vraiment désolé. Je ne t'ai pas compris et je n'ai pas agi en pleine conscience. » Il n'est pas nécessaire d'attendre le vendredi pour cela.

Le traité de paix est une pratique de pleine conscience. Etudiez-le bien et préparez-vous soigneusement avant de le signer. L'idéal serait de le signer dans une salle de méditation, avec le soutien de votre communauté. Mais s'il n'y a pas de salle de méditation près de chez vous, vous pouvez le signer n'importe où. En revanche, si vous ne vous sentez pas vraiment prêt, mieux vaut ne pas le signer. Si vous signez et respectez le traité, tout le monde profitera de votre capacité à faire face à la colère, vous, votre partenaire et tout le monde. Soyez heureux et en harmonie !

Le traité de paix

Afin de pouvoir vivre ensemble longtemps et dans la joie, afin de sans cesse développer et approfondir notre amour et notre compréhension mutuels, nous soussignés, nous engageons ce jour à respecter et à mettre en pratique dans notre vie ce qui suit :

Moi qui suis en colère, j'accepte :

1. D'éviter toute parole ou tout acte susceptible d'aggraver la situation ou d'intensifier la colère.
2. De ne pas réprimer ma colère.
3. De pratiquer la respiration consciente et de prendre refuge dans mon île intérieure.
4. De dire ma colère et ma souffrance à celui/celle qui l'a provoquée – soit directement, soit en lui écrivant un message de paix – et de le faire avec calme, sans attendre plus de vingt-quatre heures.
5. De lui proposer, directement ou par un message de paix, un rendez-vous plus tard dans la semaine au cours duquel nous pourrons approfondir ce qui s'est passé.

Moi qui ai mis l'autre en colère, j'accepte :

1. De respecter ses sentiments, de ne pas le ridiculiser et de lui laisser le temps de retrouver son calme.

2. De ne pas chercher à entamer immédiatement une discussion.

3. De lui faire savoir, par écrit ou de vive voix, que j'ai bien reçu son message de paix proposant une rencontre, et de l'assurer de ma présence.

4. De pratiquer la respiration consciente et de prendre refuge dans mon île intérieure afin de constater :

– que j'ai en moi des graines de colère et de méchanceté ainsi que l'énergie d'habitude de rendre l'autre malheureux,

– que j'ai eu tort de croire qu'en faisant souffrir l'autre, j'allais me soulager de ma propre souffrance,

– qu'en faisant souffrir l'autre, je me faisais aussi souffrir.

5. De ne pas dire : « Tout va bien, je ne suis pas en colère, je ne souffre pas. Il n'y a aucune raison d'être en colère, en tout cas pas assez pour me mettre en colère. »

6. De pratiquer la respiration consciente et le regard profond dans ma vie quotidienne – assis, debout, allongé et en marchant – afin de constater :

– que j'ai moi-même été maladroit avec l'autre,

– que je l'ai blessé en laissant s'exprimer mon énergie d'habitude,

– que la principale graine de la colère n'est autre que cette forte graine de colère qui est en moi,

– que la souffrance de l'autre, en arrosant cette graine, est en fait la cause secondaire de ma colère,

– que l'autre ne cherche qu'à se soulager de sa propre souffrance,

– qu'aussi longtemps que l'autre souffre, je ne pourrai pas être vraiment heureux.

7. De ne pas attendre le vendredi soir pour m'excuser mais de le faire sans essayer de me justifier, dès que je me rends compte de ma maladresse et de mon manque de vigilance.

8. De remettre à plus tard la rencontre du vendredi soir si je ne me sens pas suffisamment calme pour rencontrer l'autre.

Nous nous engageons, avec le Bouddha comme témoin et la présence bienveillante de la Sangha, à respecter et à mettre en pratique les articles de ce traité de paix de tout notre cœur. Que les trois joyaux nous apportent clarté et confiance.

> Fait à ....
> Le ....
> Signature [1] ....

_____

1. Extrait de *La plénitude de l'instant* (Dangles, 1994) et *Enseignements sur l'amour* (Albin Michel, 1999).

Les cinq entraînements à la pleine conscience

Premier entraînement

Conscient de la souffrance provoquée par la destruction de la vie, je suis déterminé à développer ma compassion et à apprendre les moyens de protéger la vie des personnes, des animaux, des plantes et des minéraux. Je m'engage à ne pas tuer, à ne pas laisser tuer et à empêcher tout acte meurtrier dans le monde, dans mes pensées et dans ma façon de vivre.

Deuxième entraînement

Conscient des souffrances provoquées par l'exploitation, l'injustice sociale, le vol et l'oppression, je suis déterminé à cultiver mon amour et à apprendre à agir pour le bien-être des personnes, des animaux, des plantes et des minéraux. Je m'engage à pratiquer la générosité en partageant mon temps, mon énergie et mes ressources matérielles avec ceux qui sont dans le besoin. Je suis déterminé à ne pas voler et à ne rien posséder qui ne m'appartienne. Je m'engage à respecter la propriété d'autrui et à empêcher quiconque de tirer profit de la souffrance humaine et de toute autre espèce vivante.

Troisième entraînement

Conscient de la souffrance provoquée par une conduite sexuelle inappropriée, je suis déterminé à développer mon sens de la responsabilité afin de protéger la sécurité et l'intégrité de chaque individu, des couples, des familles et de la société. Je m'engage à ne pas avoir de rapports sexuels sans amour ni engagement à long terme. Afin de préserver mon propre bonheur et celui des autres, je suis déterminé à respecter mes engagements ainsi que les leurs. Je ferai tout ce qui est en mon pouvoir pour protéger les enfants des sévices sexuels et pour empêcher les couples et les familles de se désunir par suite de comportements sexuels inappropriés.

Quatrième entraînement

Conscient de la souffrance provoquée par des paroles irréfléchies et par l'incapacité d'écouter autrui, je suis déterminé à parler à tous avec amour afin de les soulager de leurs peines et de leur transmettre joie et bonheur. Sachant que les paroles peuvent être source de bonheur comme de souffrance, je fais le vœu d'apprendre à parler avec sincérité, en employant des mots qui inspirent à chacun la confiance en soi, la joie et l'espoir. Je suis déterminé à ne répandre aucune information dont l'authenticité ne serait pas établie et à ne pas critiquer ni condamner ce dont je ne suis pas certain. Je m'engage à éviter de prononcer des mots qui entraînent division ou discorde, une rupture au sein de la famille ou de la communauté. Je m'engage à fournir les efforts nécessaires à la réconciliation et à la résolution de tous les conflits, aussi petits soient-ils.

Cinquième entraînement

Conscient de la souffrance provoquée par une consommation irréfléchie, je suis déterminé à entretenir une bonne santé physique et mentale par la pratique de la pleine conscience lorsque je mange, bois ou consomme ; ceci pour mon propre bénéfice, celui de ma famille et de la société. Je suis déterminé à consommer des produits qui entretiennent la joie, le bien-être et la paix, tant dans mon corps et dans mon esprit que dans le corps et la conscience collective de ma famille et de la société. Je suis déterminé à éviter de faire usage d'alcool et d'autres formes de drogues et à ne prendre aucun aliment ou produit contenant des toxines (comme certaines émissions de télévision, magazines, livres, films ou conversations). Je suis conscient qu'en nuisant à mon corps et à mon esprit avec ces poisons, je trahis mes parents, mes ancêtres, la société et les générations futures. Par la pratique d'une consommation raisonnable, je m'engage à transformer la violence, la peur, la colère et la confusion qui sont en moi et dans la société. Je suis conscient qu'une discipline alimentaire et morale appropriée est indispensable pour ma propre transformation et celle de la société [1].

---

1. Extrait de *Changer l'avenir* (Albin Michel, 2000).

Table

Composition Nord Compo
Impression Bussière, en septembre 2006
Editions Albin Michel
22, rue Huyghens, 75014 Paris
www.albin-michel.fr
ISBN 2-226-17290-4
N° d'édition : 24578. – N° d'impression : 063169/4.
Dépôt légal : octobre 2006.
Imprimé en France.